中国公路科普系列丛书

普通公路路网运行监测与应急处置平台
建设及应用知识读本

江西省公路管理局 主编
中国公路学会 主审

人民交通出版社股份有限公司
China Communications Press Co.,Ltd.

内容提要

本书借鉴各地路网监测系统建设经验，参照现行公路相关法律法规及标准规范进行编写。读本分为公路及信息化基础、路网监测与服务基础、指挥大厅建设、外场设施建设、软件系统建设、运维保障管理、运行监测分析、应急处置管理、出行信息服务等九个章节，努力为读者清晰展现路网运行监测与应急处置平台建设的脉络。本书对平台建设过程中可能出现的疑点和难点进行梳理，通过简明扼要的问答形式，灵活清晰、通俗易懂地进行解答。

图书在版编目(CIP)数据

普通公路路网运行监测与应急处置平台建设及应用知识读本 / 江西省公路管理局主编. — 北京：人民交通出版社股份有限公司，2017.3
 ISBN 978-7-114-13689-4

Ⅰ. ①普… Ⅱ. ①江… Ⅲ. ①公路网-交通运输管理-基本知识 Ⅳ. ①U491

中国版本图书馆CIP数据核字(2017)第039474号

书　　名：	普通公路路网运行监测与应急处置平台建设及应用知识读本
著 作 者：	江西省公路管理局
责任编辑：	王　娜　朱明周
出版发行：	人民交通出版社股份有限公司
地　　址：	(100011)北京市朝阳区安定门外外馆斜街3号
网　　址：	http://www.ccpress.com.cn
销售电话：	(010)59757973
总 销 售：	人民交通出版社股份有限公司发行部
经　　销：	各地新华书店
印　　刷：	北京市密东印刷有限公司
开　　本：	880×1230　1/32
印　　张：	5.5
字　　数：	110千
版　　次：	2017年4月　第1版
印　　次：	2017年4月　第1次印刷
书　　号：	ISBN 978-7-114-13689-4
定　　价：	48.00元

(有印刷、装订质量问题的图书由本公司负责调换)

编委会

顾　　问：李作敏
主　　任：刘文杰　冯义卿
副 主 任：胡建强　乔　云　梅　君　杨建国　吴伟明
　　　　　龙华春
主　　编：冯义卿　龙华春
副 主 编：傅　瑾　王　娜　胡　强　王大鹏　任　康
　　　　　阮　琦
委　　员：林茂森　赵　晖　廖宁华　姚　瑶　赖作财
　　　　　张　斌　甘梁刚　隋　毅　郭　静　栾　丽
　　　　　吴海丰　熊　俊　聂磊晶　杜启宏　沈　剑
　　　　　冯志琦　欧棠艳　万　磊　叶景福　王志军
　　　　　秦小明　吴丽芳　潘　琳　李　易　杨晓娟
　　　　　张学梁　康　茜　高　恩

主审单位：中国公路学会
主编单位：江西省公路管理局
参编单位：江西省公路管理局信息数据中心
　　　　　中科软科技股份有限公司
　　　　　北京恒达时讯科技开发有限责任公司
　　　　　江西路通科技有限公司

序 言
Introduction

改革开放以来，公路已成为承载着希望与梦想的致富路、小康路。如今，我国公路通车总里程已达470万公里，高速公路突破13万公里，昂居世界第一。祖国大地，一条条美丽公路编织成网，正从"线状运行"发展到"网络化运行"的新时代。人、车、路、货、环境在信息化、智能化时代已有机地融合在了一起。"路互通·车联网·人互联"已成为公路交通"网络化运行"的主要特征。正因如此，路网运行监测与管理工作应需而生。

新的路网运行时代，人民群众对公路出行的要求也在不断提升，不仅要走的了，更要求走得好，走得方便、安全和愉悦。这就要求我们新一代的"路网人"要勇挑重担，主动适应并迎接公路网络化时代的新挑战。为此，我们不仅要从体制机制、制度体系、标准规范和系统建设等方面，全方位推进路网运行监测与管理体系建设，更要从培养一支"懂路网、会沟通、精技能、善研判"的专业化、职业化路网运行监测与管理人才队伍入手,强化各级路网管理机构在制度、规范和技术领域的业务培训,为从事路网运行监测与管理事业的人才创造良好的职业技能学习环境,促进路网运行监测与管理水平的有效提升。

正所谓"工欲善其事,必先利其器"。作为一名从事和关注路网运行监测与管理事业的工作者和一位曾经多年从事交通运输领域教学的学者,一直盼望和期待着有一本或一系列有关路网运行监测与管理领域的丛书,能够从基本概念理论,到方法实践,再到系统研发和应用经验,形成完整的路网运行监测与管理工作培训教材体系,从而为建成专业化、职业化路网运行管理人才队伍体系提供基础支撑。恰在此时,由江西省公路管理局主编、中国公路学会主审的《普通公路路网运行监测与应急处置平台建设及应用知识读本》,经过部、省两级多位专家学者的共同努力,现将公开出版发行,闻讯后甚感欣喜,特邀作序不胜荣幸。

本读本深入浅出,充分结合江西省在"十二五"期间开展的全省普通公路路网运行监测与应急处置体系建设工程成果,将运行监测与应急处置工作作为业务培训重点,设三篇九章共223个知识要点,从基础知识、原则规定、系统建设、运维保障、业务应用等方面做了问答。纵观全篇，本教材图文并茂、以点带面、通俗易懂、层次清晰、循序渐进，将当前路网运行监测与应急处置领域的一些关键知识点和系统建设应用经验汇编成册，是一本难得的好教材、好读本，亦是首本对普通公路路网运行监测与应急处置平台建设与应用经验进行总结的图书。

希望本读本能够成为路网运行监测与管理领域工作者的良师益友和参考工具，促全国公路网运行监测与管理事业及从业队伍职业培训工作蒸蒸日上。

2017年4月

Preface

为方便系统了解和掌握普通公路路网运行监测与应急管理知识,进一步指导和规范普通公路路网运行监测与应急处置平台建设,普及路网运行监测与应急管理应用知识,提高相关从业人员技术能力及水平,根据《中华人民共和国公路法》《公路安全保护条例》《全国公路网管理与应急处置平台建设指导意见》《公路网运行监测与服务暂行技术要求》等法律法规及有关规定,我们结合江西省普通干线公路路网运行监测与应急处置平台的建设经验,以图、表、案例等形式整理编写《普通公路路网运行监测与应急处置平台建设及应用知识读本》。

全书分为三篇,共九章,由223个知识问答组成。第一篇为基础知识篇,主要梳理普通公路路网运行监测与应急处置平台建设中可能涉及的基本概念、一般规定和原则以及方式方法;第二篇为建设运维篇,介绍普通公路路网运行监测与应急处置平台的建设内容及运维保障管理，着重介绍硬件建设及软件建设中可能存在的疑惑点、疑难点；第三篇为业务应用篇，立足于路网运行监测与应急处置平台的应用，依次介绍平台在路网运行监测、应急处置管理以及公众出行服务等方面发挥的重要作用。本书可作为普通公路路网运行监测与应急处置平台建设及应用的辅导教材，也可以作为向社会普及路网管理有关知识的科普读物。

  本书的编写得到了中国公路学会、交通运输部路网运行监测与应急处置中心、交通运输部规划研究院、江西省公路学会、江西省高速公路投资集团有限公司、江西省交通运输厅应急指挥中心（信息中心）、中科软科技股份有限公司、北京恒达时讯科技股份有限公司等单位的大力协助，交通运输领域的专家学者及建设一线的工程师也对本书的编写提出了宝贵意见，在此表示诚挚感谢！

  因时间仓促，加之编写人员水平有限，书中错误、疏漏、不足之处在所难免，敬请读者批评指正！

江西省公路管理局
2017年2月

第1篇　基础知识篇

第一章　公路及信息化基础　/2

1. 什么是公路？公路的主要组成有哪些？/2
2. 什么是公路节点？重要公路节点通常有哪些？/3
3. 公路的主要技术指标有哪些？/4
4. 公路按行政等级怎样分级？/4
5. 公路按技术等级怎样分级？/5
6. 公路按路面类型怎样分级？/6
7. 公路技术状况共分哪几个等级？/7
8. 什么是桥涵？桥梁通常如何分类？/8
9. 桥梁总体技术状况评定等级分类有哪些？/9
10. 什么是公路隧道？公路隧道通常如何分类？/10
11. 如何评定公路隧道的总体技术状况等级？/11
12. 什么是交通量？当量交通量是指什么？/12
13. 什么是标准轴载？/13
14. 什么是公路交通情况调查？/13
15. 什么是超限和超载？/14
16. 超限超载有哪些情形？/14

17. 什么是信息系统？ /15

18. 什么是信息安全等级保护？ /16

19. 信息安全等级保护包括哪几个级别？ /16

20. 数据完整性和保密性分别表征什么？ /17

第二章　路网监测与服务基础　/18

21. 什么是公路网运行监测与服务系统？ /18

22. 公路网运行监测与服务系统总体框架包括哪些？ /18

23. 公路网运行监测与服务系统由哪些功能构件组成？ /19

24. 公路网运行监测与服务系统主要应用范围是什么？ /19

25. 公路网运行监测与服务体系如何组织建设运行管理？ /20

26. 公路网运行监测与服务系统有哪些建设内容？ /21

27. 公路网运行监测与服务系统建设应遵循哪些原则？具体有哪些要求？ /21

28. 公路网运行监测的手段有哪些？ /22

29. 路网监测与信息服务的信息主要包括哪些内容？ /23

30. 路网监测中公路基础信息主要包括哪些内容？ /23

31. 路网监测中公路应急资源信息主要包括哪些内容？ /23

32. 路网监测中公路网运行信息主要包括哪些内容？如何获取公路网运行信息？ /24

33. 路网监测中公众出行信息主要包括哪些内容？ /25

34. 公众公路出行信息服务的内容有哪些？ /25

35. 什么是路网监测点？什么样的路段需部署路网监测点？ /25

36. 路网监测点的分类有哪些？ /26

37. 国家级路网监测点（Ⅰ级监测点）有什么布设要求？ /27

38. 省级路网监测点（Ⅱ级监测点）有什么布设要求？ / 28

39. 不同位置布设的路网监测点监测的内容有什么要求？ / 29

40. 什么是公路交通突发（阻断）事件？ / 30

41. 公路交通突发事件具体包括哪些内容？ / 30

42. 公路交通突发事件分几个级别？通常用什么颜色进行区分？ / 31

43. 什么是应急预案？ / 33

44. 公路交通应急预案体系包括哪些？ / 33

45. 公路交通应急预案包括哪些主要内容？ / 34

第2篇 建设运维篇

第三章 指挥大厅建设 / 36

46. 指挥大厅建设主要包括哪些内容？ / 36

47. 机房由哪些系统组成？ / 36

48. 机房场地的选择有什么要求？ / 37

49. 机房的物理防护有哪些？有什么具体要求？ / 38

50. 常用的网络安全设备有哪些？ / 39

51. UPS电源系统的概念及组成部分是什么？ / 40

52. 防雷接地系统应考虑满足哪些要求？ / 41

53. 空气调节系统应考虑满足哪些要求？ / 42

54. 新风、排烟应考虑哪些要求？ / 42

55. 消防、给排水应考虑哪些要求？ / 42

56. 应急指挥大厅主要由哪些系统组成？ / 43

57. 应急指挥大厅显示系统基本功能需求有哪些？ / 43

58. 应急指挥场所的灯光照明有哪些要求？/ 44

59. 应急处置与会商系统需具备哪些基本功能？/ 44

60. 视频会议系统有哪些基本功能？/ 44

61. 视频会议系统有什么技术要求？/ 45

62. 视频会议系统中的扩声系统应达到什么标准？/ 46

63. 视频会议系统中的音频设备常见问题有哪些？该如何解决？/ 46

64. 视频会议系统中的发言设备有哪些？/ 47

65. 视频会议系统中的中控设备起到什么作用？/ 47

66. 视频会议系统中的会场摄像机如何根据实际需求选择？/ 47

67. 什么是值班电话系统？主要包括哪些核心功能？/ 48

68. 系统数据网络传输平台建设有哪些要求？/ 49

69. 系统建设联网（组网）有哪些要求？/ 49

70. 系统联网传输网段是如何划分的？/ 49

第四章　外场设施建设　/ 51

71. 常见的外场设施有哪些？/ 51

72. 外场监测设施的功能有哪些要求？/ 51

73. 交通情况调查设施应对哪几种机动车分类分型？/ 52

74. 常见的固定式交通情况调查设备通常如何分类？/ 53

75. 常见的固定式交通情况调查设备按应用技术分为哪几类？/ 54

76. 压电类交调设备有什么特点？/ 55

77. 地感线圈类交调设备有什么特点？/ 55

78. 视频类交调设备有什么特点？/ 56

79. 超声波类交调设备有什么特点？/ 56

80. 激光类交调设备有什么特点？/57

81. 微波类交调设备有什么特点？/57

82. 交通运行监测设施应该如何布设？/58

83. 超限超载动态监测系统由哪些设备组成？/59

84. 超限超载动态监测系统主要采集哪些数据指标？/60

85. 常见的动态称重设备有哪几种形式？/60

86. 压电薄膜式动态称重设备有什么特点？/61

87. 压电石英式动态称重设备有什么特点？/61

88. 弯板式动态称重设备有什么特点？/62

89. 超限超载动态监测系统如何辅助治超站治超？/62

90. 路网监测中视频监测设备功能有哪些？视频监测设备的选用有哪些要求？/63

91. 视频监测设施的布设有哪些要求？/64

92. 路网监测中气象监测设施需要监测哪些内容？/65

93. 气象监测传感器的选择有什么要求？/67

94. 恶劣气象条件频发的路网监测点气象监测设施布设有哪些要求？/67

95. 情报板信息发布设备有什么功能？通常如何分类？/69

96. 情报板信息发布设备的布设有哪些要求？/70

97. 航拍器有哪些应用？/71

98. 什么是移动监测车？有哪些应用？/71

99. 什么是移动单兵？有哪些应用？/72

100. 外场监测点的安全通常包括哪几部分内容？/73

第五章　软件系统建设　/74

101. 软件系统建议采用什么软件体系结构？建设中应遵循哪些基本要求？　/74
102. 软件系统建设主要包括哪些内容？　/75
103. 常用的软件系统开发平台有哪些？　/75
104. 什么是数据接口？软件系统中数据接口应如何建设？　/76
105. 数据交换接口的要求有哪些？　/76
106. 什么是接入控制系统？软件系统中的接入控制系统应如何布设？　/77
107. 软件系统业务数据传输有什么要求？　/77
108. 软件系统视频数据传输有什么要求？　/78
109. 监测数据传输的时效性、优先级和精确度有什么要求？　/79
110. 系统如何确保数据格式一致？　/80
111. 系统数据存储的基本要求有哪些？　/81
112. 系统数据应如何存储？　/81
113. 软件系统数据的存储时间有什么要求？　/81
114. 系统的安全保护能力是指什么？通常包括哪几个方面？　/82
115. 路网平台软件功能主要由哪些子功能系统组成？　/83
116. 数据收集软件子系统有什么核心功能？　/84
117. 视频监控软件子系统有哪些基本功能？在运用的过程中有哪些要求？　/84
118. 信息处理与分析软件子系统有哪些核心功能？　/84
119. 应急处置与指挥软件子系统有哪些核心功能？　/85

120. 应急处置子系统中应急资源管理是指什么？对应急资源管理有哪些要求？ / 85
121. 应急处置子系统中事件预报预警需要实现什么功能？ / 86
122. 应急处置子系统中事件定级功能有什么要求？ / 86
123. 应急处置子系统中处置结果分析需要包括哪些具体功能？ / 86
124. 信息显示应配置哪些硬件设施？ / 86
125. 信息发布软件子系统功能主要指哪些？ / 87
126. 网络管理软件子系统有什么作用？ / 87
127. 软件子系统中的互操作功能是什么？ / 87
128. 如何确保各级路网平台软件的一致性？ / 88

第六章　运维保障管理　/ 89

129. 系统的运维管理包括哪几个方面？ / 89
130. 如何对环境实施运维管理？ / 89
131. 如何对数据存储介质实施运维管理？ / 90
132. 如何对机房设备实施运维管理？ / 90
133. 如何对网络安全实施运维管理？ / 90
134. 如何对系统安全实施运维管理？ / 91
135. 如何对恶意代码防范实施运维管理？ / 91
136. 运维中对系统的备份与恢复有哪些要求？ / 92
137. 如何对系统软件程序及数据进行备份？ / 92
138. 运维中如何进行安全事件处置？ / 93
139. 各级路网管理中心机房日常管理注意事项有哪些？ / 94

140. 各级路网管理中心指挥大厅设备日常管理注意事项有哪些？／94

141. 系统建设有哪些安全要求？／95

142. 路网监测点设备故障处理有哪些要求？／95

143. 如何安排各类设备巡检？／97

144. 各级路网中心主要设备故障处理流程有哪些？／97

145. 运维管理信息系统需要具备哪些功能？／98

146. 运维管理信息系统应该具有哪几个层次？／98

第3篇　业务应用篇

第七章　运行监测分析　／102

147. 公路网运行监测分析应包括哪些内容？／102

148. 如何对公路网运行监测数据进行分析？有哪些步骤？／102

149. 交通情况调查需要采集哪些数据指标？／104

150. 交通情况调查统计分析指标体系有哪些？／104

151. 公路网运行状态监测与服务指标有哪些？／105

152. 什么是中断率指标？／106

153. 什么是拥挤度指标？／106

154. 公路的拥挤度分几个级别？在地图上通常用什么颜色表示？／107

155. 什么是环境指数指标？／107

156. 气象环境特征指数的判定方法是什么？／108

157. 什么是通阻度指标？／108

158. 突发事件等级指标如何来评价？ / 109

159. 桥梁、隧道等设施健康状况指标如何评价？ / 109

160. 服务区质量等级指标如何评价？ / 110

161. 通道运行指数指标如何计算？ / 110

162. 通道运行指数划分为哪几个等级？ / 111

163. 路网综合运行指数指标如何评价？ / 111

164. 路网综合运行指数划分为哪几个等级？通常用哪几种颜色表示？ / 112

165. 运行监测分析中公路网基础设施基本情况分析可包括哪些内容？ / 113

166. 运行监测分析中公路网技术状况检测分析包括哪些内容？ / 113

167. 运行监测分析中重点桥隧监测分析包括哪些内容？ / 114

168. 运行监测分析中公路网主要监测病害分析包括哪些方面？ / 114

169. 运行监测分析中公路网灾害损失情况分析包括哪些方面？ / 114

170. 运行监测分析中公路网交通情况分析哪些内容？ / 115

171. 运行监测中公路网拥挤程度分析包括哪些方面？ / 115

172. 运行监测中公路网阻断事件分析包括哪些方面？ / 115

173. 运行监测中公路网运行状况综合评价分析如何分析？ / 116

第八章　应急处置管理　/ 117

174. 路网运行监测中需要重点监测的公路交通突发（阻断）事件信息有哪些？ / 117

175. 突发事件预警划分为哪几个级别？通常用哪几种颜色来表示？/118

176. 突发事件的预警信息包括哪些内容？/118

177. 气象预警主要包括哪些内容？/119

178. 强地震预警主要包括哪些内容？/120

179. 突发地质灾害预警主要包括哪些内容？/120

180. 洪水、堤防决口与库区垮坝等预警主要包括哪些内容？/120

181. 重大突发公共卫生事件预警主要包括哪些内容？/121

182. 环境污染事件预警主要包括哪些内容？/121

183. 重大恶性交通事故预警主要包括哪些内容？/121

184. 紧急物资运输预警主要包括哪些内容？/122

185. 公路损毁、中断、阻塞事件预警主要包括哪些内容？/122

186. 重要客运枢纽旅客滞留事件预警主要包括哪些内容？/122

187. 突发事件预警启动程序是什么？/122

188. 应急预案及相关数据的更新频率有什么要求？/123

189. 系统如何启动预案并开展指挥调度？/124

190. 突发事件预警终止程序是什么？/124

191. 突发事件应急处置响应级别如何划分？各级交通运输主管部门如何响应？/125

192. 突发事件应急工作组通常需成立哪些工作小组？/126

193. 突发事件应急响应启动程序是怎样的？/126

194. 突发事件应急处置信息报告有什么要求？/127

195. 突发事件应急处置信息报告包括哪些要素？/128

196. 应急处置中要建立哪些指挥协调机制？/128

197. 应急处置过程中应急资源不足的情况下对调度有什么要求？／129

198. 突发事件超出事发地交通运输管理部门处置能力时应采取什么措施？／129

199. 突发事件应急响应终止程序是怎样的？／130

200. 应急处置结束后还要做好哪些工作？／130

201. 应急处置管理新闻发布与宣传有什么要求？／131

202. 突发事件应急保障主要包括哪些内容？／132

203. 突发事件应急物资主要包括哪些？／133

204. 在日常应急管理中需重点做好哪几个方面工作？／133

205. 应急信息发布需具备哪些功能？／134

第九章　出行信息服务　／135

206. 哪些公路基础数据信息应当向公众发布？发布时效性有什么要求？／135

207. 哪些服务设施信息应当向公众发布？发布时效性有什么要求？／135

208. 哪些出行规划信息应当向公众发布？发布时效性有什么要求？／136

209. 哪些交通运行状态信息应当向公众发布？发布时效性有什么要求？／136

210. 公路突发事件中哪些信息应当向公众发布？发布时效性有什么要求？／137

211. 公路日常的施工养护中有哪些信息应当向公众发布？发布时效性有什么要求？／137

212. 哪些公路环境信息应当向公众发布？发布时效性有什么要求？ / 138

213. 哪些应急救援信息应当向公众发布？发布时效性有什么要求？ / 138

214. 哪些交通政务及辅助信息应当向公众发布？发布时效性有什么要求？ / 139

215. 公路出行信息服务的发布方式有哪些？ / 139

216. 可变情报板主要向公众提供哪些信息？ / 139

217. 公路出行服务网站主要为公众提供哪些信息？ / 140

218. 交通服务热线主要服务内容有哪些？ / 140

219. 广播电视服务内容主要有哪些？ / 140

220. 移动终端（车载终端）主要服务内容有哪些？ / 140

221. 手机短信主要服务内容有哪些？ / 141

222. 微信订阅号能提供哪些服务？ / 141

223. 官方微博能提供哪些信息？ / 142

附录 江西省普通干线路网运行监测与应急处置平台项目建设概况 / 143

参考文献 / 152

第1篇 基础知识篇

本篇梳理了普通公路路网运行监测与应急处置平台建设中可能涉及的基本概念、一般规定和原则以及方式方法，主要目的是为不同专业背景的平台建设、应用人员提供基础知识参考。本篇共分2章，其中：第一章为公路及信息化基础，主要介绍与公路有关的基础知识以及信息化的有关概念；第二章为路网运行监测与服务基础，主要介绍平台业务相关知识。

第一章　公路及信息化基础

1. 什么是公路？公路的主要组成有哪些？

公路是指连接城市、乡村和工矿基地等，主要供汽车行驶、具备一定技术条件和设施的道路，主要由路基、路面、桥梁、涵洞、渡口码头、隧道、绿化、通讯、照明等设备及其他沿线设施组成。公路在路网中为车辆出行提供畅通直达、汇集疏散和出入通达的交通服务。

> **知识延伸1：** 公路上用里程碑（图1.1）表示公路的里程，设于公路右侧，每1km设一个。国道、省道、县道的里程碑可依据颜色加以区分：国道为白底红字，省道为白底蓝字，县道为白底黑字。

图1.1　公路里程碑样式图（左为国道样式，右为省道样式）

> **知识延伸2：** 公路上用百米桩表示公路百米距离。设在公路右侧各里程碑之间，每100米设一个。百米桩

地面以上部分颜色为白色,字的颜色和里程碑上字的颜色一致。

知识延伸3: 公路分为左右幅,其中以桩号递增方向称之为上行方向,反之为下行方向。

2. 什么是公路节点?重要公路节点通常有哪些?

公路节点指公路网中的交叉点、收费站、服务区、治超站等。

重要公路节点特指公路网中的重要收费站(省界、入城)、大型服务区、重点治超站和枢纽互通立交等(图1.2)。

图1.2 重要公路节点示意图

3. 公路的主要技术指标有哪些？

公路的主要技术指标主要有：

（1）计算行车速度：即设计车速，是表明公路等级与使用水平的控制性指标，是公路几何设计所采用的车速。

（2）行车道宽度：公路上供车辆行驶的路面面层的宽度，一般指行车道宽度。

（3）路基宽度：横断面上两路肩外缘之间的宽度。

（4）极限最小平曲线半径：在平面线形中，路线转向处曲线的总称，包括圆曲线和缓和曲线，也称作平曲线。

（5）停车视距：汽车行驶时，驾驶人自看到前方障碍物时起，至安全停止在障碍物前所需的最短距离。

（6）最纵坡：根据公路等级与自然条件等因素所限定的路线纵坡最值。最纵坡是公路纵断面设计的重要控制指标，直接影响到路线的长短、使用质量、运输成本和工程造价。

（7）桥涵设计车辆荷载及桥面车道数：由国家标准规定作为桥涵设计依据的若干等级标准车辆和车队。

4. 公路按行政等级怎样分级？

公路按其在公路路网中的地位，分为国道、省道、县道、乡道和村道。其中：

（1）国道，是指具有全国性政治、经济意义的主要干线公路，包括：重要的国际公路，国防公路，联结首都与各省、自治区首府和直辖市的公路，联结各大经济中心、港站枢纽、商品生产基地和战略要地的公路。

（2）省道，是指具有全省（自治区、直辖市）政治、经济意义，联结省内中心城市和主要经济区的公路以及不属于国道的省际的重要公路。

（3）县道，是指具有全县（旗、县级市）政治、经济意义，联结县城和县内主要乡（镇）、主要商品生产和集散地的公路，以及不属于国道、省道的县际的公路。

（4）乡道，是指主要为乡（镇）内部经济、文化、行政服务的公路，以及不属于县道以上公路的乡与乡之间及乡与外部联络的公路。

（5）村道，是指直接为农民群众生产、生活服务，不属于乡道及以上公路的建制村与建制村之间和建制村与外部联络的主要公路，包括建制村之间的主要连接线、建制村与乡道及以上公路的主要连接线、建制村所辖区域内已建成通车并达到四级及以上技术标准的公路。

一般的，把国道和省道称为干线，县道和乡道称为支线。

5. 公路按技术等级怎样分级？

公路按技术等级可分为高速公路、一级公路、二级公路、三级公路、四级公路五个等级。

（1）高速公路为专供汽车分向、分车道行驶，全部控制出入的多车道公路。高速公路的年平均日设计交通量宜在15000辆小客车以上。

（2）一级公路为供汽车分向、分车道行驶，可根据需要控制出入的多车道公路。一级公路的年平均日设计交通量宜在15000辆小客车以上。

（3）二级公路为供汽车行驶的双车道公路。二级公路的年平均日设计交通量宜为5000~15000辆小客车。

（4）三级公路为供汽车、非汽车交通混合行驶的双车道公路。三级公路的年平均日设计交通量宜为2000~6000辆小客车。

（5）四级公路为供汽车、非汽车交通混合行驶的双车道或单车道公路。双车道四级公路年平均日设计交通量宜为2000辆小客车以下；单车道四级公路年平均日设计交通量宜在400辆小客车以下。

6. 公路按路面类型怎样分级？

公路按路面类型分为高级路面、次高级路面、中级路面、低级路面四个等级。各级路面所具有的面层类型及其所适用的公路等级，如表1.1所示。

表1.1 各级路面所具有的面层类型及其所适用的公路等级

公路等级	采用的路面等级	面层类型
高速、一、二级公路	高级路面	沥青混凝土
		水泥混凝土
二、三级公路	次高级路面	沥青灌入式
		沥青碎石
		沥青表面处治
四级公路	中级路面	碎、砾石（泥结或级配）
		半整齐石块
		其他粒料
四级公路	低级路面	粒料加固土
		其他当地材料加固或改善土

7. 公路技术状况共分哪几个等级?

公路技术状况分为优、良、中、次、差五个等级，用公路技术状况指数MQI（Maintenance Quality Indicator）和相应分项指标表示，MQI和相应分项指标的值域为0~100。公路技术状况评定标准见表1.2。

表1.2　公路技术状况评定标准

评价等级	优	良	中	次	差
MQI及各级分项指标	[90，100)	[80，90)	[70，80)	[60，70)	[0，60)

知识延伸：公路技术状况评价指标包含路面、路基、桥隧构造物和沿线设施四部分内容。图1.3所示为公路技术状况评价指标。

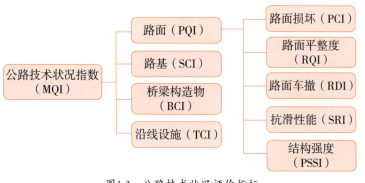

图1.3　公路技术状况评价指标

图中：MQI——公路技术状况指数；
　　　PQI——路面使用性能指数；
　　　SCI——路基技术状况指数；

> BCI——桥隧构造物技术状况指数；
>
> TCI——沿线设施技术状况指数；
>
> PCI——路面损坏状况指数；
>
> RQI——路面行驶质量指数；
>
> RDI——路面车辙深度指数；
>
> SRI——路面抗滑性能指数；
>
> PSSI——路面结构强度指数。

8. 什么是桥涵？桥梁通常如何分类？

桥涵是指公路跨越水域、沟谷和其他障碍物时修建的构造物。按照《公路工程技术标准》规定，单孔跨径小于5米或多孔跨径之和小于8米，称为涵洞，大于这一规定值则称为桥梁。桥梁的分类方法有如下几种：

（1）按结构体系，桥梁分为梁式桥、拱桥、刚架桥、悬索桥等四种基本体系。由几种基本体系组合而成的称为组合体系桥梁。

（2）按用途，桥梁分为公路桥、铁路桥、公路铁路两用桥、农桥、人行桥、运水桥（渡槽）及其他专用桥梁（如架设管路、电缆等的桥梁）。

（3）按多孔跨径总长和单孔跨径长度的不同，桥梁分为特大桥、大桥、中桥和小桥。

（4）按主要承重结构所用的材料，桥梁分为圬工桥（包括砖、石、混凝土桥）、钢筋混凝土桥、预应力混凝土桥、钢桥和木桥等。

（5）按跨越障碍的性质，桥梁可分为跨河桥、跨线桥（立体交叉）、高架桥和栈桥。

（6）按上部结构的行车道位置，桥梁分为上承式桥、下承式桥和中承式桥。

（7）按使用年限，桥梁可分为永久性桥、半永久性桥、临时性桥。

> **知识延伸**：在公路网运行监测与应急处置工作中，通常按多孔跨径总长和跨径长度进行分类，具体分类标准如表1.3所示。
>
> 表1.3　桥梁按多孔跨径总长和跨径长度分类标准
>
> | 桥梁分类 | 多空跨径总长或单孔跨径长度 |
> |---|---|
> | 特大桥 | 多孔跨径总长≥1000m，或者单孔跨径长度≥150m |
> | 大桥 | 100m≤多孔跨径总长<1000m，或者40m≤单孔跨径长度<150m |
> | 中桥 | 30m<多孔跨径总长<100m，或者20m≤单孔跨径长度<40m |
> | 小桥 | 8m≤多孔跨径总长≤30m，或者5m≤单孔跨径长度<20m |
> | 涵洞 | 多孔跨径总长<8m，或者单孔跨径长度<5m |
>
> 注：多孔跨径总长即不考虑两岸桥台侧墙长度在内的桥梁标准跨径的总长度。

9. 桥梁总体技术状况评定等级分类有哪些？

桥梁总体技术状况评定等级分为1类、2类、3类、4类、5类。4类桥和5类桥称为危桥。表1.4列出了桥梁总体技术状况等级说明。

表1.4 桥梁总体技术状况评定等级

技术状况评定等级	桥梁技术状况描述
1类	全新状态，功能完好
2类	有轻微缺损，对桥梁使用功能无影响
3类	有中等缺损，尚能维持正常使用功能
4类	主要构件有大的缺损，严重影响桥梁使用功能，或影响承载能力，不能保证正常使用
5类	主要构件存在严重缺损，主要构件不能正常使用，危及桥梁安全，桥梁处于危险状态

10. 什么是公路隧道？公路隧道通常如何分类？

公路隧道通常是指建造在山岭、江河、海峡和城市地面下，供车辆通过的工程构造物。

公路隧道通常有以下几种分类方法：

（1）按照隧道所处位置，可分为山岭隧道、水底隧道和城市隧道。

（2）按照隧道所处的地质条件，可分为土质隧道和石质隧道。

（3）按照隧道的长度，可分为特长隧道、长隧道、中长隧道和短隧道。

（4）按照国际隧道协会（ITA）定义的隧道横断面积大小划分标准，可分为特大断面隧道、大断面隧道、中等断面隧道、小断面隧道和极小断面隧道。

（5）按照隧道埋置的深度，可分为浅埋隧道和深埋隧道。

（6）按照隧道的用途，可分为交通隧道、水工隧道、市政隧道和矿山隧道。

知识延伸：在公路网运行监测与应急处置工作中，通常按隧道长度进行分类，具体分类标准如表1.5所示。

表1.5　隧道按长度分类标准

隧道分类	隧道长度
特长隧道	隧道长度>3000m
长隧道	1000m<隧道长度≤3000m
中长隧道	500m<隧道长度≤1000m
短隧道	隧道长度≤500m

11. 如何评定公路隧道的总体技术状况等级？

公路隧道总体技术状况等级评定采用土建结构和机电设施两者中最差的技术状况类别作为总体技术状况的类别。公路隧道总体技术状况评定等级如表1.6所示。

表1.6　公路隧道总体技术状况评定等级

技术状况评定类别	评定类别描述	
	土建结构	机电设施
1类	完好状态。无异常情况，或异常情况轻微，对交通安全无影响	机电设施完好效率高，运行正常

续上表

技术状况评定类别	评定类别描述	
	土建结构	机电设施
2类	轻微破损。存在轻微破损,现阶段趋于稳定,对交通安全不会有影响	机电设施完好效率高,运行基本正常,部分易耗部件或损坏部件需要更换
3类	中等破损。存在破坏,发展缓慢,可能会影响行人、行车安全	机电设施尚能运行,部分设备、部件和软件需要更换或改进
4类	严重破损。存在较严重破坏,发展较快,已影响行人、行车安全	机电设施完好率低,相关设施需要全面改造
5类	危险状态。存在严重破坏,发展迅速,已危及行人、行车安全	—

12. 什么是交通量？当量交通量是指什么？

交通量是指单位时间内通过道路某一断面的交通流量（即单位时间通过道路某断面的车辆数目）。某一段时间内交通量的平均值称为平均交通量。

当量交通量，即标准车当量数（Passenger Car Unit，缩写为PCU），是将实际的各种机动车和非机动车交通量按一定的折算系数换算成某种标准车型的当量交通量，折算系数在我国的《公路工程技术标准》和《城市道路设计规范》均有规定。

知识延伸：年平均日交通量是规划道路和交通设施，确定道路等级的依据。年平均日交通量（Annual Average Daily Traffic,缩写为AADT），即一年的总交通量除以该年的总日数,一般用作道路、交通设施规划、确定道路等级以及论证道路、交通设施建设可行性等的依据。其他常用的平均交通量还有月平均日交通量（Monthly Average Day Traffic,缩写为MADT）、周平均日交通量（Weekly Average Daily Traffic,缩写为WADT）、平均日交通量（Average Daily Traffic,缩写为ADT），它们均可换算为年平均日交通量。

13. 什么是标准轴载？

标准轴载是路面设计时使用的累计当量轴次概念。

公路上行驶的车辆种类较多，不同车型和不同作用次数对路面影响不同。为方便路面设计，需将不同车型组合而成的混合交通量换算成某种统一轴载的当量轴次。这种统一的轴载，称为标准轴载。

14. 什么是公路交通情况调查？

公路交通情况调查是通过对国道、省道、县道、乡道和专用公路交通状况进行经常性、定期或不定期调查，以掌握各等级公路的交通流量、交通流分布、交通流构成、车辆行驶速度等交通流特征，分析交通拥挤状况，为公路规划、养护、管理部门提供交通情况基础资料。

公路交通情况调查包括交通量调查、车速调查、比重调查、起讫点调查、通行能力调查、轴载调查、车头时距调查、交通事故调查以及其他专项调查等。目前主要开展的是交通量调查、车速调查、比重调查和轴载调查。

15. 什么是超限和超载？

超限：是指车辆装载超过公路对其的限值，即货运车辆的载货长度、宽度、高度和载货质量超过规章制度规定的限度。

超载：指车辆装载货物时超过汽车额定载质量，即车辆运载的货物重量超过行驶证的核定载质量。

> **知识延伸**：超载一般是超过车辆设计装载能力，由交警处罚；超限是超过公路的设计承载受力，由公路路政处罚。超载不一定超限，超限不一定超载（情况较少，只有很少的特种车辆不超载但超限，一般为军事运输或经批准后上路），但大部分情况是超载可能超限。

16. 超限超载有哪些情形？

超限有以下情形：
（1）车货总高度从地面算起超过4米；
（2）车货总宽度超过2.55米；
（3）车货总长度超过18.1米；
（4）二轴货车，其车货总质量超过18000千克；
（5）三轴货车，其车货总质量超过25000千克；三轴汽车列车，其车货总质量超过27000千克；

（6）四轴货车，其车货总质量超过31000千克；四轴汽车列车，其车货总质量超过36000千克；

（7）五轴汽车列车，其车货总质量超过43000千克；

（8）六轴及六轴以上汽车列车，其车货总质量超过49000千克，其中牵引车驱动轴为单轴的，其车货总质量超过46000千克。

上述规定的限定标准的认定，还应当遵守下列要求：

（1）二轴组按照二个轴计算，三轴组按照三个轴计算；

（2）除驱动轴外，二轴组、三轴组以及半挂车和全挂车的车轴每侧轮胎按照双轮胎计算，若每轴每侧轮胎为单轮胎，限定标准减少3000千克，但安装符合国家有关标准的加宽轮胎的除外；

（3）车辆最大允许总质量不应超过各车轴最大允许轴荷之和；

（4）拖拉机、农用车、低速货车，以行驶证核定的总质量为限定标准；

（5）符合《汽车、挂车及汽车列车外廓尺寸、轴荷及质量限值》（GB 1589—2016）规定的冷藏车、汽车列车、安装空气悬架的车辆以及专用作业车，不认定为超限运输车辆。

17. 什么是信息系统？

信息系统是一个人造系统，它由人、硬件、软件和数据组成，目的是及时、正确地收集、加工、存储、传递和提供信息，实现组织中各项活动的管理、调节和控制。

知识延伸： 在信息系统中，按照处理的对象划分，可把信息系统分为作业信息系统和管理信息系统两大类。

（1）作业信息系统的任务是处理组织的业务、控制生产过程、支持办公事务和更新有关的数据库。业务处理系统、过程控制系统、办公自动化系统都属于作业信息系统。

（2）管理信息系统是对一个组织（单位、企业或部门）进行全面管理的人和计算机相结合的系统。它综合运用计算机技术、信息技术、管理技术和决策技术，与现代化的管理思想、方法和手段结合起来，辅助管理人员进行管理和决策。

18. 什么是信息安全等级保护？

信息安全等级保护指对国家安全、法人和其他组织及公民的专有信息，以及公开信息和存储、传输、处理这些信息的信息系统分等级实行安全保护，对信息系统中使用的信息安全产品实行按等级管理，对信息系统中发生的信息安全事件分等级响应、处置。

19. 信息安全等级保护包括哪几个级别？

信息系统的安全保护等级分为以下五级：

第一级，信息系统受到破坏后，会对公民、法人和其他组织的合法权益造成损害，但不损害国家安全、社会秩序和公共利益。

第二级，信息系统受到破坏后，会对公民、法人和其他组织的合法权益产生严重损害，或者对社会秩序和公共利益造成损害，但不损害国家安全。

第三级，信息系统受到破坏后，会对社会秩序和公共利益造成严重损害，或者对国家安全造成损害。

第四级，信息系统受到破坏后，会对社会秩序和公共利益造成特别严重损害，或者对国家安全造成严重损害。

第五级，信息系统受到破坏后，会对国家安全造成特别严重损害。

> **知识延伸**：公路网运行监测与服务系统需要满足第二级信息安全保护等级，即能够防护系统免受来自外部小型组织的、拥有少量资源的威胁源发起的恶意攻击、一般的自然灾难以及其他相当危害程度的威胁所造成的重要资源损害，能够发现重要的安全漏洞和安全事件，在系统遭到损害后，能够在一段时间内恢复部分功能。

20. 数据完整性和保密性分别表征什么？

数据完整性表征数据没有遭受以非授权方式所做篡改或破坏的程度的安全属性。

数据保密性表征数据或系统不泄露给非授权的个人、实体或进程，不为其所用的安全属性。

第二章 路网监测与服务基础

21. 什么是公路网运行监测与服务系统？

公路网运行监测与服务系统是指能面向全国干线公路网开展公路网运行监测、预测预警、突发事件应急处置、协调调度指挥等业务的公路网管理信息化系统，该系统集公路状态感知、数据处理与分析、决策支持与指令传达等功能于一体。

22. 公路网运行监测与服务系统总体框架包括哪些？

公路网运行监测与服务系统总体框架由部、省、市、县等各层级的业务框架，以及监测层（感知层）、网络层、应用层和公共技术组成的技术框架构成，见表2.1。该系统主要利用传感器技术、信息融合与提取技术、云计算技术、无线通信技术等。

表2.1 公路网运行监测与服务系统技术框架表

公路网运行监测与服务系统技术框架	技术框架描述
监测层（感知层）	信息监测与感知主要用于监测外场路网监测点的公路交通运行、突发事件以及路网环境等方面的数据参数，包括车辆数、车辆行驶速度、突发事件信息、基础设施状态、气象地质灾害、视频图像等实时状态数据

续上表

公路网运行监测与服务系统技术框架	技术框架描述
网络层	利用传感器网络与移动通信技术、互联网技术、专网技术相融合,实现更加广泛的互联功能,把监测到的数据无障碍、高可靠性、高安全性地进行传输
应用层	即公路网运行监测与服务应用层,主要包含应用支撑系统子层和应用系统子层。其中应用支撑系统子层用于实现支撑跨平台、跨应用、跨系统的信息协同、共享、互操作的功能;应用系统子层包括交通运行状态监测、重要基础设施状态监测、预测预警、突发事件应急处置、出行信息服务等应用
公共技术	公共技术不属于某个特定层面,而是用于联系监测层(感知层)、网络层和应用层,它包括编码标识与解析、安全技术、网络管理、证书认证和服务质量(QoS)管理等

23. 公路网运行监测与服务系统由哪些功能构件组成?

公路网运行监测与服务系统的功能构件主要由信息监测与共享,信息获取、信息提取处理与评价分析、系统软件与数据接口、数据传输与网络平台及安全认证等构件组成。

24. 公路网运行监测与服务系统主要应用范围是什么?

公路网运行监测与服务系统的主要应用范围为全国高速公路和国省干线公路组成的全国干线公路网及重要农村公路,主要面向全国、省域、市域、县域等不同层级的公路提供道路监测、数据采集及业务管理等服务，为开展公路网运行监测与协调、公路交通突发（阻断）事件应急处置、公路出行信息服务等公路网运行管理业务提供数据服务、应用支撑与决策支持。

该系统还可以为各级公路管理部门开展公路养护管理、路政执法、运营管理、干线公路网改造等相关业务提供数据和辅助决策支持。此外，系统还可作为各级交通运输主管部门、公路管理机构与各级人民政府及气象、国土、地震、民政、防汛、国防等相关部门进行信息共享的平台，也可作为与公安交管部门进行公路网运行监测信息交换与业务协作的支撑平台。

25. 公路网运行监测与服务体系如何组织建设运行管理？

公路网运行监测与服务（公路网运行监测与应急处置）组织体系，包括部、省、市、县四级体系，如图2.1所示。

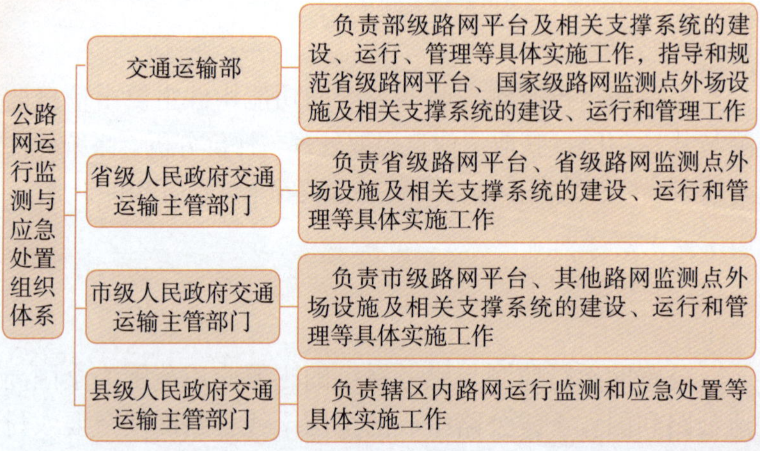

公路网运行监测与应急处置组织体系		
	交通运输部	负责部级路网平台及相关支撑系统的建设、运行、管理等具体实施工作，指导和规范省级路网平台、国家级路网监测点外场设施及相关支撑系统的建设、运行和管理工作
	省级人民政府交通运输主管部门	负责省级路网平台、省级路网监测点外场设施及相关支撑系统的建设、运行和管理等具体实施工作
	市级人民政府交通运输主管部门	负责市级路网平台、其他路网监测点外场设施及相关支撑系统的建设、运行和管理等具体实施工作
	县级人民政府交通运输主管部门	负责辖区内路网运行监测和应急处置等具体实施工作

图2.1 公路网运行监测与应急处置组织体系

26. 公路网运行监测与服务系统有哪些建设内容?

公路网运行监测与服务系统的建设主要包括公路网运行监测与服务平台、路网监测点外场设施以及相关支撑系统等软硬件系统建设。

> **知识延伸**：公路网运行监测与服务平台包括部级平台、省级平台、市级平台以及县级平台，对本级所辖公路网运行状态进行实时监测、预测预警与协调管理，对在公路网中发生的重特大突发事件进行应急处置，开展所辖范围的公路出行信息服务。系统建设主要指用于支撑公路网运行监测与服务的场所及场所内相关软硬件设施建设，包括应急指挥大厅、机房、会商室等的建设及各级路网中心的业务应用系统、网络系统、数据交换共享系统的建设。

27. 公路网运行监测与服务系统建设应遵循哪些原则?具体有哪些要求?

公路网运行监测与服务系统建设要按照"充分利用、避免重复、注重实效、不追先进"的方针，对待与现有公路信息化系统的融合以及系统建设过程中的技术与设备选取工作。具体要求如下：

（1）公路网运行监测与服务系统的设计，须符合顶层设计思想和核心功能要求，采取适度超前的方针，坚持公路网运行监测与应急处置工作相结合、行业管理与公众服务相结合的思路，构建"平战一体"的公路网综合运行管理平台，并按照上下一致的数据报文消息标准和控制链路运行的通信协议形成一体化的公路网运行监测与服务数据链及应用系统。

（2）公路网运行监测与服务系统的建设，须符合《公路网运行监测与服务暂行技术要求》中所规定的各项功能、参数和设施指标，按照国家规定的工程基本建设程序，满足有关国家、行业现行技术标准，充分结合各省（自治区、直辖市）实际情况和现有条件，遵循满足应用、成本合理、性能稳定、分级管理、互联互通、维护方便、协作共享的原则实施。

（3）公路网运行监测与服务系统的建设，应充分利用现有公路通信、监控和收费系统等机电系统资源和社会信息网络基础设施，补充必要的信息监测与发布设施，配套建设安全认证及支撑系统，在构建公路网运行监测与服务平台的基础上，实现跨部门、跨地区的信息互联互通与信息共享，建设公路出行信息服务体系。

（4）利用现有公路网运行监测设施、传输通道和各级通信、监控和收费系统的资源时，应按照《公路网运行监测与服务暂行技术要求》的要求进行接口规范、软件改进及入网调试等工作，符合要求的设施方可作为公路网运行监测与服务系统的组成。

28. 公路网运行监测的手段有哪些？

公路网运行监测的手段是通过路网监测点的各类感知设备及传感器系统自动采集公路网交通运行数据、视频图像数据、重要基础设施运行数据和气象环境数据，采用网络传输方式自动实时或定时传输。

公路交通突发（阻断）事件信息主要通过人工采集，

利用系统平台、传真、邮件、即时通信工具、社交网络媒体等方式传输。

29. 路网监测与信息服务的信息主要包括哪些内容？

公路网运行监测与服务信息内容主要包括公路基础信息、公路应急资源信息、公路网运行信息、公路出行信息等四部分。

30. 路网监测中公路基础信息主要包括哪些内容？

公路基础信息包括路基、路面、桥梁、隧道等基础设施信息，收费站、治超站、服务区、停车区等附属设施信息，以及路线编号、路线名称、路段名称、技术指标和管理单位等公路管理信息等。

公路基础信息具体内容及要求应按交通运输部相关规定执行，主要通过各地公路数据库获取与更新。

31. 路网监测中公路应急资源信息主要包括哪些内容？

公路应急资源信息包括应急物资储备情况、应急管理机构以及应急队伍配置情况等。其中，应急物资储备情况应包括储备库名称、地址、级别、主管单位、所在地市、所在区县、经度、纬度、负责人、值班电话、应急值班电话、传真、库容、库容单位、物资类别、物资名称、数量、计量单位、更新时间等。

公路应急资源信息采集的具体内容及要求应按交通运输部相关规定执行，主要应通过公路数据库获取与更新。

32. 路网监测中公路网运行信息主要包括哪些内容？如何获取公路网运行信息？

路网监测中所采集的信息主要包括反映公路网运行状态的文字、语音、图像和数字等，也就是公路网运行信息（图2.2）。

公路网运行信息的主要内容：

- **交通运行数据**：主要包括通过公路主线及节点（含收费站）的断面车辆数和车辆速度（含行驶方向）
- **视频图像数据**：主要包括公路主线及节点的视频图像数据
- **公路交通突发（阻断）事件信息**：主要包括《公路交通突发事件应急预案》《交通运输突发事件信息报告和处理办法》《公路交通阻断信息报送制度》中报送要求的信息，如突发性地质灾害洪水、泥石流等
- **重要基础设施运行数据**：主要包括桥梁、隧道、互通立交等重要公路基础设施运行的监测数据
- **路网环境信息**：主要包括公路主线及节点的气象环境数据，以及与气象、国土等部门共享交换的各类公路环境信息

图2.2 公路网运行信息主要内容

公路网运行信息监测方式包括从路网监测点自动采集、人工采集以及从相关部门共享获取等方式。

知识延伸：部分省份在对公路网运行状态的监测中还应结合本省实际，对公路网运行其他数据进行监测。如江西省公路管理局还对全省普通公路网运行车辆的轴载进行监测，实时监测公路上行驶车辆的超载情况，配合路政治理超限超载执法。

33. 路网监测中公众出行信息主要包括哪些内容？

公路出行信息主要包括对公众出行具有参考作用的路径规划、实时路况、占路施工、公路气象、事件预报预警、交通诱导等服务信息。

34. 公众公路出行信息服务的内容有哪些？

公众公路出行信息服务的内容主要包括出行规划信息、服务设施信息、公路通阻状态信息、公路突发事件信息、施工养护信息、公路环境信息、应急救援信息、交通政务及辅助信息及其他信息。

35. 什么是路网监测点？什么样的路段需部署路网监测点？

路网监测点指对公路网整体运行有重要影响的重要路段，以及桥梁、隧道、互通立交、收费站点、治超站、服务区等公路节点，并在这些点段上开展运行监测工作。

通常需要在易拥堵路段、突发事件多发路段、长下坡路段、恶劣气象条件频发路段，桥梁、隧道、互通立交、收费站点、治超站、服务区、停车区等公路节点布设路网监测点。

知识延伸：通常来说，可按监测点位置是否可发生变化将路网运行监测点分为固定监测点与移动监测点两类（图2.3）。不可发生位置移动的监测点为固定监测点，固定监测点通常需要建立龙门架或其他支撑架用于悬挂监测设备。可发生位置移动的监测点为移动监测点，通常为应急指挥车辆、路政巡查车辆或其他车辆设施安装或改装相关监测设备，并运用于公路网运行监测，用于公路网监测的无人机、单兵系统也属于移动监测点。

图2.3　固定监测点与移动监测点

36. 路网监测点的分类有哪些？

路网监测点主要分为三类：国家级路网监测点（Ⅰ级监测点）、省级路网监测点（Ⅱ级监测点）和其他监测点（Ⅲ级监测点）。见表2.2。

表2.2　路网监测点的分类

路网监测点类别	描述
国家级路网监测点（Ⅰ级监测点）	对全国干线公路网整体运行状态有重要影响的高速公路、国省干线公路的重要路段（易拥堵路段、突发事件多发路段、恶劣气象条件频发路段等）、特大桥梁、特长隧道、枢纽互通立交、收费站点（省界、入城）、重点治超站、服务区等重要公路节点和路段

续上表

路网监测点类别	描述
省级路网监测点 （Ⅱ级监测点）	对省域范围内公路网整体运行状态有重要影响的高速公路、国省干线公路的重要路段（易拥堵路段、突发事件多发路段、恶劣气象条件频发路段、长下坡路段等）、大型桥梁、长大隧道、互通立交、收费站、治超站、服务区、停车区等公路节点和路段。省域范围内的国家级路网监测点作为省级路网监测点的重要组成
其他监测点 （Ⅲ级监测点）	除国家级路网监测点和省级路网监测点以外，为满足不同层级路网监测需求和路网规模等级，在对公路网运行状态有一定影响的公路路段和节点处设置的监测点

37. 国家级路网监测点（Ⅰ级监测点）有什么布设要求？

国家级路网监测点的布设要求如下：

1）易拥堵、易发生突发事件重要路段，满足以下条件之一：

年平均发生3起（含）以上造成拥堵排队长度超过5公里且拥堵时间超过2个小时以上的拥堵事件的路段；年平均发生5起（含）以上一般突发类公路交通阻断事件的路段；三年内发生2起（含）以上重特大公路突发事件的路段。

2）公路恶劣气象条件频发路段，满足以下条件之一：

年平均因低能见度导致被封闭次数达到6次（含）以上的路段，或小于200m的雾日数达到8天（含）以上的路段；年平均有20天（含）以上出现8级以上的大风的路段；年平均有7天（含）以上出现严重路面结冰的路段；

三年内因恶劣气象条件发生2起（含）以上重特大公路突发事件的路段；三年内因恶劣气象条件发生2起（含）以上公路基础设施严重水毁的路段。

3）公路重要公路基础设施，满足以下条件之一：

特大桥，指多孔跨径总长大于1000m或单孔跨径大于150m的桥梁；特长隧道，指大于3000m长度的隧道；高速公路枢纽互通立交。

4）省界收费站和城市（地市级以上）入城收费站。

5）国家Ⅰ类超限超载检测站。

6）高速公路服务区或普通公路综合养护中心。

38. 省级路网监测点（Ⅱ级监测点）有什么布设要求？

省级路网监测点的布设要求如下：

1）易拥堵、易发生突发事件重要路段（含全省范围内全部国道、省道及重要农村公路），满足以下条件之一：

年平均发生1起（含）拥堵时间超过2个小时以上的拥堵事件的路段；年平均发生1起（含）以上一般突发类公路交通阻断事件的路段；三年内发生1起（含）以上重特大公路突发事件的路段；年平均发生1起（含）地质灾害路段；长度大于3公里的连续下坡且平均纵坡（I%）大于一定坡度的路段（一级公路I>3，二级公路I>4.5，三级公路I>5，四级公路I>5.5）；土质边坡高度大于20m、小于100m或岩质边坡高度大于30m、小于100m的边坡；避险车道。

2）公路恶劣气象条件频发路段，满足以下条件之一：

年平均因低能见度导致被封闭次数达到2次（含）以

上的路段，或能见度小于 200m 的雾日数达到5天（含）以上的路段；年平均有10天（含）以上出现8级以上大风的路段；年平均有3天（含）以上出现严重路面结冰的路段；三年内因恶劣气象条件发生1起（含）以上重特大公路突发事件的路段；三年内因恶劣气象条件发生1起（含）以上公路基础设施严重水毁的路段。

3）公路重要公路基础设施，满足以下条件之一：

大型桥梁，指多孔跨径总长在100m（含）至1000m之间或单孔跨径在40m至150m（含）之间的桥梁；长隧道，指长度在1000m至3000m（含）之间的隧道；公路与公路或公路与铁路互通立交。

4）公路收费站。

5）国家Ⅱ类以上超限超载检测站。

39. 不同位置布设的路网监测点监测的内容有什么要求？

不同位置布设的路网监测点监测的内容要求如表2.3所示。

表2.3　不同位置布设的路网运行监测点监测内容

监测点类别	交通运行数据	视频数据	路网环境数据	基础设施运行数据	公路交通突发事件信息
易拥堵、易发生重特大交通事件路段	√	√			√
恶劣气象条件频发路段	√	√	√		√
特大桥梁	√	√		√	√
特大隧道	√	√		√	√

续上表

监测点类别	交通运行数据	视频数据	路网环境数据	基础设施运行数据	公路交通突发事件信息
枢纽互通	√	√			√
收费站	√	√	√		√
治超站	√	√			√
高速公路服务区、普通公路综合养护中心	√				√

40. 什么是公路交通突发（阻断）事件？

公路交通突发事件，简称突发事件，是指由突发事件引发的造成或者可能造成公路以及重要客运枢纽出现中断、阻塞、重大人员伤亡、大量人员需要疏散、重大财产损失、生态环境破坏和严重社会危害，以及由于社会经济异常波动造成重要物资、旅客运输紧张，需要交通运输部门提供应急运输保障的紧急事件。

41. 公路交通突发事件具体包括哪些内容？

公路交通突发事件（图2.4）包括以下内容：

（1）自然灾害。主要包括水旱灾害、气象灾害、地震灾害、地质灾害、海洋灾害、生物灾害和森林草原火灾等。

（2）公路交通运输生产事故。主要包括交通事故、公路工程建设事故、危险货物运输事故。

（3）公共卫生事件。主要包括传染病疫情、群体性不明原因疾病、食品安全和职业危害、动物疫情，以及其他严重影响公众健康和生命安全的事件。

（4）社会安全事件。主要包括恐怖袭击事件、经济安全事件和涉外突发事件。

图2.4　公路交通突发事件

42. 公路交通突发事件分几个级别？通常用什么颜色进行区分？

公路交通突发事件按照其可控性、严重程度和影响范围分为Ⅰ级（特别严重）、Ⅱ级（严重）、Ⅲ级（较重）、Ⅳ级（一般）四个级别。通常，采用红色、橙色、黄色和蓝色分别描述Ⅰ级、Ⅱ级、Ⅲ级、Ⅳ级突发事件。

（1）Ⅰ级公路突发事件情形：

① 因突发事件可能导致干线公路交通毁坏、中断、阻塞或者大量车辆积压、人员滞留，影响周边省份，抢修、处置时间预计在24小时以上。

② 因突发事件可能导致重要客运枢纽运行中断，造成大量旅客滞留，恢复运行及人员疏散预计在48小时以上。

③ 因重要物资缺乏、价格大幅波动，可能严重影响全国或者大片区经济整体运行和人民正常生活，超出省级交通运输主管部门运力组织能力。

④ 其他可能需要交通运输部提供应急保障的情况。

（2）Ⅱ级公路突发事件情形：

① 因突发事件可能导致干线公路交通毁坏、中断、阻塞或者大量车辆积压、人员滞留，抢修、处置时间预计在12小时以上。

② 因突发事件可能导致重要客运枢纽运行中断，造成大量旅客滞留，恢复运行及人员疏散预计在24小时以上。

③ 因重要物资缺乏、价格大幅波动，可能严重影响省域内经济整体运行和人民正常生活。

④ 其他可能需要省级交通运输主管部门提供应急保障时。

（3）Ⅲ级公路突发事件情形：

① 因突发事件可能导致干线公路交通毁坏、中断、阻塞或者大量车辆积压、人员滞留，抢修、处置时间预计在6小时以上。

② 因突发事件可能导致重要客运枢纽运行中断，造成大量旅客滞留，恢复运行及人员疏散预计在12小时以上。

③ 因重要物资缺乏、价格大幅波动，可能严重影响市域内经济整体运行和人民正常生活时。

④ 其他可能需要市级交通运输主管部门提供应急保障的情况。

（4）Ⅳ级公路突发事件情形：

① 因突发事件可能导致干线公路交通毁坏、中断、阻塞或者大量车辆积压、人员滞留，抢修、处置时间预计在

2小时以上。

② 因突发事件可能导致重要客运枢纽运行中断,造成大量旅客滞留,恢复运行及人员疏散预计在6小时以上。

③ 可能需要县级交通运输主管部门提供应急保障的情况。

43. 什么是应急预案?

应急预案是各级人民政府及其部门、基础组织、企事业单位、社会团体等为依法、迅速、科学、有序应对突发事件,最大程度减少突发事件及其造成的损害而预先制定的工作方案。

44. 公路交通应急预案体系包括哪些?

公路交通应急预案体系包括:

(1)公路交通突发事件应急预案。公路交通突发事件应急预案是全国公路交通突发事件应急预案体系的总纲及总体预案,是交通运输部应对特别重大公路交通突发事件的规范性文件,由交通运输部制定并公布实施,报国务院备案。

(2)公路交通突发事件应急专项预案。公路交通突发事件应急专项预案是交通运输部为应对某一类型或某几种类型公路交通突发事件而制定的专项应急预案,由交通运输部制定并公布实施。主要涉及公路气象灾害、水灾与地质灾害、地震灾害、重点物资运输、危险货物运输、重点交通枢纽的人员疏散、施工安全、特大桥梁安全事故、特长隧道安全事故、公共卫生事件、社会安全事件等方面。

(3)地方公路交通突发事件应急预案。地方公路交通突发事件应急预案是由省级、地市级、县级交通运输主管部门按照交通运输部制定的公路交通突发事件应急预案的要求，在上级交通运输主管部门的指导下，为及时应对辖区内发生的公路交通突发事件而制订的应急预案（包括专项预案），由地方交通运输主管部门制订并公布实施，报上级交通运输主管部门备案。

（4）公路交通运输企业突发事件预案。由各公路交通运输企业根据国家及地方的公路交通突发事件应急预案的要求，结合自身实际，为及时应对企业范围内可能发生的各类突发事件而制订的应急预案，由各公路交通运输企业组织制订并实施。

45. 公路交通应急预案包括哪些主要内容？

应急预案应该根据有关法律、法规规定，针对交通运输突发事件的性质、特点、社会危害程度以及可能需要提供的交通运输应急保障措施，明确应急管理的组织指挥体系与职责、监测与预警、处置程序、应急保障措施、恢复与重建、培训与演练等具体内容。

# 第 2 篇　建设运维篇

本篇重点介绍普通公路路网运行监测与应急处置平台的建设内容及运维保障管理，并选择硬件建设及软件建设中可能存在的疑惑点、疑难点进行着重的介绍。本篇共分4章，其中第三章为指挥大厅建设介绍，主要对路网运行监测应急指挥大厅以及机房、会商室等有关室内建设进行解答；第四章为外场设施建设，主要对外场监测设施、外场信息发布设施等进行介绍；第五章为软件系统建设，主要介绍路网运行监测软件平台的建设措施及需要实现的功能；第六章为运维保障管理，介绍平台运维的有关知识。

第三章 指挥大厅建设

46. 指挥大厅建设主要包括哪些内容？

部、省两级指挥大厅需满足日常管理和同时处置多起公路交通突发事件的需要,并提供7×24小时应急值守和应急指挥的基本条件。指挥大厅及配套硬件设施通常还包括会议室(会商室)、值班室、专家工作室(案例室)、休息室及数据机房(设备机房)等,需建设显示系统、数字会商/发言系统或视频会议系统、应急通信系统、图像接入系统、供电系统、综合布线系统、灯光照明系统、音响处理系统、智能控制系统、安全保障系统和支撑软件等。

市级路网中心及其他路网中心可根据业务管理及应急处置工作需要进行建设。

47. 机房由哪些系统组成？

机房主要包括主机及存储系统、网络系统、安全管理系统、机房配电及照明系统、UPS电源系统、机房防雷接地系统、机房空气调节系统、机房气体消防系统、机柜及KVM系统、机房动力环境监控系统、机房装修工程等。机房效果图如图3.1所示。

图3.1 机房效果图

48. 机房场地的选择有什么要求？

机房场地选择应满足：

（1）基本要求：机房和办公场地应设在具有防震、防风和防水等能力的建筑内，机房场地应避免设在用水设备的下层或隔壁。

（2）防火要求：避开易发生火灾和危险程度高的地区，如油库和其他易燃物附近的区域。

（3）防污染要求：避开尘埃、有毒气体、腐蚀性气体、盐雾腐蚀等环境污染的区域。

（4）防潮及防雷要求：避开低洼、潮湿及落雷区域。

（5）防振动和噪声要求：避开强振动源和强噪声源区域。

（6）防强电场、磁场要求：避开强电场和强磁场区域。

（7）防地震、水灾要求：避开有地震、水灾危害的区域。

（8）防公众干扰要求：避免靠近公共区域，如运输通道、停车场或餐厅等。

49. 机房的物理防护有哪些？有什么具体要求？

机房的物理防护包括机房防盗窃和防破坏、防雷击、防火、防水和防潮、防虫防鼠、防静电、温湿度控制、电力供应、电磁防护等。具体要求如下：

1）机房防盗窃、防破坏

将主要设备放置在机房内；将设备或主要部件进行固定，并设置明显的不易除去的标记；将通信线缆铺设在隐蔽处，可铺设在地下或管道中；对介质分类标识，存储在介质库或档案室中；主机房应安装必要的防盗报警设施。

2）机房防雷击

应设置避雷装置等有效防雷措施；应设置接地装置等有效接地措施。

3）机房防火

机房应设置灭火设备和火灾自动报警系统。

4）机房防水防潮

水管安装，不得穿过机房屋顶和活动地板下；采取措施防止雨水通过机房窗户、屋顶和墙壁渗透；采取措施防止机房内水蒸气结露和地下积水的转移与渗透。

5）机房防虫防鼠

应封堵工程范围内所有与其他区域、其他楼层相通的孔洞，在使用或施工过程中新开的孔洞及时进行封堵；所有进出机房的管、槽之间的空隙均采取密封措施；装修中原则上不使用木材，局部使用木材的地方进行防虫害处理；机房内所有电缆、电线均在金属线槽、线管内敷设，与设备连接的引上线采用金属软管保护，尽量使机房无裸线；机房范围内的新（排）风系统与大楼新（排）风管道连接处设防鼠钢网。

6）防静电

机房关键设备应采用必要的接地防静电措施。

7）温湿度控制

机房应设置温、湿度自动调节设施，使机房温、湿度的变化在设备运行所允许的范围之内。

8）电力供应

在机房供电线路上配置稳压器和过电压防护设备；提供短期的备用电力供应，预留柴油发电机接口，满足关键设备在断电情况下的正常运行要求。

9）电磁防护

机房电源线和通信线缆应隔离铺设，避免互相干扰。

50. 常用的网络安全设备有哪些？

（1）漏洞扫描设备：可以对网站、系统、数据库、端口、应用软件等网络设备应用进行智能识别扫描检测，报警提示管理人员对其检测出的漏洞进行修复，同时可对漏洞修复情况进行监督并自动定时对漏洞进行审计以提高漏洞修复效率。

（2）堡垒机：保护网络和数据不受来自外部和内部用户的入侵和破坏，收集和监控网络环境，并对它们进行记录、分析、处理。

（3）审计系统：能够拦截非法访问和恶意攻击，对不合法的操作进行阻断，过滤掉所有对目标设备的非法访问行为，并对操作人员进行监控，以便事后责任追踪。安全审计是事前预防、事中监控、事后追查的可靠依据。

（4）上网行为管理：实现对互联网访问行为的全面

管理。在P2P流量管理、防止内网泄密、防范法规风险、互联网访问行为记录、上网安全等多个方面提供最有效的解决方案。

（5）防火墙：防火墙是网络安全最基本、最经济、最有效的手段之一。防火墙可以实现内部、外部网或不同信任域网络之间的隔离，达到有效地控制网络访问的作用。

（6）安全隔离网闸：是一种由带有多种控制功能的专用硬件在电路上切断网络之间的链路层连接，并能够在网络间进行安全适度的应用数据交换的网络安全设备。

（7）入侵防御系统（IPS）：能够监视网络和网络设备及网络资料传输行为的计算机网络安全设备，能深度感知并检测流经的数据流量，能够及时地中断、调整或隔离一些不正常或具有伤害性的网络资料传输行为。

（8）入侵检测系统（IDS）：可以依照事先做好的安全策略，对网络、系统的运行状况进行监视，尽可能地发现各种攻击企图和攻击行为，并通过防火墙联动进行报警及记录，以保障网络资源的机密性、完整性和可用性。

（9）网站应用级入侵防护系统（WAF）：是针对Web防护而出现的应用级防护系统，具备Web应用扫描、安全防护、木马检测、访问控制和统计等一些功能，可有效防护网站安全。

51. UPS电源系统的概念及组成部分是什么？

UPS（Uninterruptible Power System）即不间断电源（如图3.2所示）。数据机房UPS顾名思义，即在市电失去或故障的情况下，可不间断地为数据机房设备提供稳定可靠电源的电能转换设备。

图3.2　UPS设备

UPS主要由整流器（充电器）、逆变器、静态开关、旁路（手动维修旁路）、滤波回路、防雷回路、电池组（电池监控）等组成。

52. 防雷接地系统应考虑满足哪些要求？

防雷接地系统应满足以下要求：

（1）雷电防护应当符合《建筑物电子信息系统防雷设计规范》中A级标准的要求。应具有完备的建筑避雷及引雷装置。良好的防雷接地可以使建筑免受雷电威胁，同时应进一步采取必要措施（如接地、室外控雷技术等）避免因雷电引发对数据及IT系统的二次破坏或干扰。

（2）在变配电室低压母线上安装设置一级电涌保护器（SPD）；UPS输入配电柜、UPS输出总柜、数据中心机房空调配电总柜应安装二级电涌保护器；PDU内应安装三级电涌保护器；其他与室外有关的所有配电设备和线路均应安装一级电涌保护器。

（3）计算机系统接地，要求采用共用接地系统。若有特殊要求，可留有安全保护地、防静电接地、交流工作地（零线接地）、直流逻辑地以及防雷接地端子。接地装置的设计应满足接地电阻值小于1Ω的要求。

53. 空气调节系统应考虑满足哪些要求？

空气调节系统目标是保证机房环境的温度、湿度和洁净度符合相关规范标准要求，为机房设备提供一个可靠的运行环境，保证设备不间断地安全运行；保证机房的正压，防止外界未经处理的空气或有害气体的渗入以及烟或混合物滞留在数据中心机房内部等。此外，还要满足工作人员日常办公的要求。

54. 新风、排烟应考虑哪些要求？

新风、排烟应考虑以下要求：

（1）应分别考虑各区域的洁净度要求，维持机房的正压，合理配置机房的新风系统。

（2）应按照相应的消防规范考虑机房的防排烟系统和事故通风系统。根据规范设置相应的排烟分区和配置相应的防火阀。

（3）当采用气体灭火系统时，应在进出机房的风管上设置相应装置，以便气体消防动作启动时能够自动关闭的隔断风阀。在外墙或隔墙的适当位置设置泄压装置，以防止围护结构因气体释放导致超压破坏。

55. 消防、给排水应考虑哪些要求？

消防、给排水系统关系到建设的合规性和可靠性，应重点考虑：在消防灭火设计中，坚持"以人为本，防消结合"的原则，根据场地特征及相关规范选择采用相应的灭火系统。一般机房区域适宜采用气体灭火系统，其他区域可采用预作用喷水灭火系统。

56. 应急指挥大厅主要由哪些系统组成？

应急指挥大厅（图3.3）包括大屏显示系统、值守座席、应急终端系统、日常办公配套设施、应急视频会议系统、应急指挥通信系统、多媒体会议系统、路网中心综合布线系统、通信链路等。

图3.3　应急指挥大厅效果图

57. 应急指挥大厅显示系统基本功能需求有哪些？

应急指挥大厅显示系统应具备同时观看多路视频信息能力，信息源包括计算机、监控图像、视频会议图像、电视等，满足日常值班、应急处置、指挥调度等业务需要。

> 知识延伸：常用显示系统主要包括：小间距全彩LED拼接屏、液晶拼接显示系统、DLP拼接显示系统、等离子拼接显示系统等。

58. 应急指挥场所的灯光照明有哪些要求？

应急指挥场所灯光照明系统需实现不少于4组的分组控制，满足视频会议、会商、值班等不同场景下的业务应用。灯光应采用三基色冷光源，色温3200K左右。

59. 应急处置与会商系统需具备哪些基本功能？

路网平台应急处置与会商系统可实现对公路交通突发（阻断）事件进行应急指挥调度，并可在指挥调度过程中通过视频会议、值班电话系统等功能实现对现场情况的实时掌握，并根据现场情况变化，制定应急处置方案、下达应急指令、开展应急抢险及路网调度指挥等功能。应急处置与会商系统主要包括应急处置与指挥系统、视频会议系统以及值班电话系统等三部分。会商室实例如图3.4所示。

图3.4　会商室

60. 视频会议系统有哪些基本功能？

视频会议系统（图3.5）应包括多方音视频交互、电子白板、动态PPT、媒体播放、会议录制、会议控制、登录模式、带宽适应等基本功能，系统可对与会者的用户信息进行备份与恢复，还应具备文件共享、协同浏览、桌面共享、文字交流、文件传输、服务器备份及扩展和会议管理等功能。

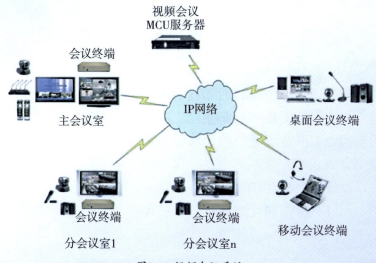

图3.5 视频会议系统

61. 视频会议系统有什么技术要求？

路网平台视频会议系统采用ITU-T H.323标准组建，视频传输采用H.264编码格式，图像分辨率不低于720p，声音应清晰可辨、自然圆润。上下两级路网平台视频会议系统应实现互通。其他要求主要有：

（1）视频会议终端由MCU（多点控制器）授予权限，可以在本地会场对整个会议进行控制，包括会议进程控制、会场权限控制、音频和视频控制以及会议辅助控制功能。

（2）上级路网平台视频会议系统可与多个下级路网平台视频会议系统共同参会，与会所有视频会商地能够实时接收来自会议的视频、音频。

（3）至少具备支持辖区内视频会商地点同时召开视频会议的功能。

62. 视频会议系统中的扩声系统应达到什么标准？

扩声系统应达到的标准主要包括：

（1）全双工，做到真正的交互式的会议。

（2）声音清晰，使会议信息能够清晰地传到各个与会者。

（3）音量适中，音量大小合适，声场均匀。

（4）操作和管理简单，易控制易管理，能够与第三方控制相结合。

63. 视频会议系统中的音频设备常见问题有哪些？该如何解决？

音频设备常见问题主要有：声音混乱而不清晰、大量的回声、啸叫声音或低沉声音、空洞遥远感觉的声音、话筒重复拾音造成的混乱环境声响、大量的背景噪声、大会场声音的延迟。

解决上述音频问题的方法有：

（1）分布式回音消除：采用内置回声消除模块的设备。

（2）噪声消除：采用内置噪声消除模块的设备。

（3）实现自然的交谈：采用全双工的音频处理设备。

（4）MIC优选规则、独立拾音：采用有MIC优先功能的设备。

（5）保证大会场各区域声音达到均衡：采用具备延时模块的设备。

64. 视频会议系统中的发言设备有哪些？

会议系统的发言设备分为数字手拉手发言系统和模拟发言系统两种。数字手拉手发言系统是通过发言主机通过一根线把话筒串起来的发言管理模式。模拟发言是每一个发言单元一根线，可以通过调音台或数字混音器单独控制的发言管理模式。

65. 视频会议系统中的中控设备起到什么作用？

视频会议系统中的中控设备主要作用有简化会场的管理、提高会议的效率、合理地使用设备、使操作通俗易懂、实现系统的远程化管理。

66. 视频会议系统中的会场摄像机如何根据实际需求选择？

会议室摄像系统一般需满足场地监控和人像摄像两方面的技术要求：

（1）场地监控：一般用于控制室人员通过摄像系统直接把控会议现场效果，配合会议要求进行设备管理，以便顺利完成会议工作。

（2）人像摄像：一般用于视频会议系统、采访、直播等需要对人物形象实现完美表现的会议摄像机。

67. 什么是值班电话系统？主要包括哪些核心功能？

路网平台值班电话系统（图3.6）主要面向本辖区内上下级之间开展公路网运行管理业务提供行业内部呼叫应用。各级路网平台值班电话系统应覆盖本辖区内公路管理部门。

图3.6　值班电话系统

值班电话系统的核心功能有：

（1）通过值班电话系统实现人工报送公路网运行信息功能。

（2）在应急处置过程中，通过值班电话系统实现指挥人员与现场指挥人员、相关职能部门负责人等的电话自动拨打和接入功能。

（3）在应急处置过程中，为各级路网平台提供互联互通的通信能力，实现自动拨号、自动接听、自动录音、电话会议等功能。通过值班电话系统实现对应急队伍、应急物资等应急资源的调度和指挥；实现指令跟踪、执行反馈、过程监督、效果评估等功能。

（4）向各级路网平台操作人员及管理人员提供公路网运行状况、突发事件信息以及管理投诉、咨询、建议等服务功能。

68. 系统数据网络传输平台建设有哪些要求？

系统数据网络传输平台建设需满足路网监测点与路网平台之间的传输通道与组网要求，以及各级路网平台之间的传输通道与联网（组网）要求等，且需满足路网监测点自动采集的数据（包括业务数据与视频数据）能逐级传输至部级路网平台的要求。

69. 系统建设联网（组网）有哪些要求？

系统建设的组网方式采用"公专结合"的原则进行建设。按照传输通道与联网（组网）构成方式，确定联网（组网）的功能要求：

（1）具备条件的，应采用光纤接入的方式实现各级路网平台之间的传输及联网（组网）。

（2）基于公网传输及联网（组网）的省级路网平台带宽出口应不小于20M（含视频传输）。

（3）基于公网传输及联网（组网）的路网监测点与部、省两级路网平台之间可采用带宽、流量或其他计费方式，具体根据实际需求与成本确定。

（4）部、省两级路网平台之间应建立备用链路；其他各级路网平台之间可根据实际需要建立备用链路。

70. 系统联网传输网段是如何划分的？

适用于路网平台（除通过互联网方式联网传输以

外）进行IP地址规划，各省级以下路网平台专网地址由各省参照以下原则下统一规划：IP地址使用统一的IP地址段，××.0.0.0～××.255.255.255，××为所在省份行政区划代码；在以上地址范围内，省级路网中心广域网地址采用××.0.0.0～××.0.0.255，局域网地址采用××.0.1.0～××.1.255.255，国省干线公路使用××.2.0.0～××.63.255.255地址段，高速公路使用 ××.64.0.0～××.127.255.255；××.128.0.0～××.255.255.255作为预留。

> **建设示例：** 江西省公路网网段划分，江西的行政区划代码为36，采用的IP地址段为36.0.0.0～36.255.255.255，省级路网中心广域网地址采用36.0.0.0～36.0.0.255,局域网地址采用36.0.1.0～36.1.255.255，国省干线公路使用36.2.0.0～36.63.255.255 地址段，高速公路使用36.64.0.0～36.127.255.255；36.128.0.0～36.255.255.255 作为预留。

第四章 外场设施建设

71. 常见的外场设施有哪些?

常见的外场设施包括外场监测设施和外场信息发布设施:

1)外场监测设施

公路网交通运行监测设施主要有交通情况调查设备、车辆检测器、车辆超限超载动态监测设备等。

公路网视频监测设施主要有视频监控设备、图像抓拍设备等。

重要基础设施运行数据的采集设备主要有各类部署在重要基础设施上的传感器设备(如部署在桥梁上的压力传感器、位移传感器、加速度传感器等)。

公路网气象监测设施,依据公路应用实际,主要有温度、湿度、风速风向、降水量及能见度等有关测量仪器。

2)外场信息发布设施

公路网外场信息发布设施,主要包括各类信息标志、可变情报板、车载信息发布设施等。

72. 外场监测设施的功能有哪些要求?

外场监测设施的选用原则是可靠性高、成本低、维护性强、数据准确度满足基本要求并可大面积应用。其中:

(1)交通运行数据监测设施具备自动采集、实时或定时传输功能。

（2）事件自动检测设备（视频）具备数据自动采集、实时传输功能。

（3）气象环境数据监测设施具备自动采集、实时或定时传输功能。

（4）共享气象、地质环境信息具备定时自动传输与更新功能。

73. 交通情况调查设施应对哪几种机动车分类分型？

按照交通运输部《固定式交调设备型式检验外场检测操作实施细则（试行）》，机动车分类及分型数据采集标准见表4.1。

表4.1　机动车分类及分型数据采集标准

车型	一级分类	二级分类	额定荷载参数	轮廓及轴数特征参数	备注
汽车	小型车	中小客车	额定座位≤19座	车长<6m，2轴	
		小型货车	载质量≤2吨		包括三轮载货汽车
	中型车	大客车	额定座位>19座	6m≤车长≤12m，2轴	
		中型货车	2吨<载质量≤5吨		包括专用汽车
	大型车	大型货车	7吨<载质量≤20吨	6m≤车长≤12m，3轴或4轴	

续上表

车型	一级分类	二级分类	额定荷载参数	轮廓及轴数特征参数	备注
汽车	特大型车	特大型货车	载质量>20吨	车长>12m或4轴以上；且车高<3.8m或车高>4.2m	
		集装箱车		车长>12m或4轴以上；且3.8m≤车高≤4.2m	
摩托车	摩托车		发动机驱动		包括轻便、普通摩托车
拖拉机	拖拉机				包括大、小拖拉机

74. 常见的固定式交通情况调查设备通常如何分类？

常见的固定式交通情况调查设备（以下简称"交调设备"）分类一般按监测手段进行分类，可分为接触式和非接触式两类。接触式交调设备通常指前端数据采集设备直接安放于与车辆接触的路面或路面以下；非接触式交调设备指不与车辆有直接接触的设备。

> **知识延伸：** 一般来说，接触式和非接触式的固定式交调设备都能满足日常交通情况调查的需求。但是，由于车辆超限超载、气候等诸多因素，非接触式

交调设备的优势更为明显：①因为不像接触式设备那样与车辆有直接的接触，因此不存在接触式设备所存在的硬损耗，大大增加了使用寿命；②由于非接触式交调设备均安放于道路两侧的立柱或横跨道路的龙门架之上，因此维护简便，无须为检修或更换设备而专门封闭道路影响交通。

75. 常见的固定式交通情况调查设备按应用技术分为哪几类？

常见的固定式交通情况调查设备按应用技术划分，可分为压电类、地感线圈类、视频类、超声波类、激光类、微波类等。其中，压电类、地感线圈类等属于接触式交通情况调查设备；超声波类、视频类（图4.1）、激光类、微波类等都属于非接触式交通情况调查设备。

▼交通量测量设备

▲处理影像例

图4.1　视频式交调设备

76. 压电类交调设备有什么特点？

压电类传感器的原理是以某些电介质的压电效应为基础，在外力作用下，在电介质的表面上产生电荷，从而实现非电量测量。因此，通过检测车辆驶过时对路面安装的压电传感器设备的挤压情况可以判断所过车辆轮轴个数及重量，以达到区分车型计算流量的目的。其主要特点有：

（1）安装时对路面破坏较小。同为地埋接触式感应设备，其对地面切口的要求仅为数个平方厘米。

（2）可提供精准的车轴数。

（3）设备运转稳定，不易受天气或外部磁场变化的干扰。

77. 地感线圈类交调设备有什么特点？

地感线圈传感器也称环形传感器，一般由几匝金属线绕制成空心线圈，埋设在车辆行驶的路面之下，与路边的信号检测器及控制器相连，通过检测车辆驶过线圈时线圈中产生的感应电流，以达到检测车流的目的。其主要特点有：

（1）技术成熟，造价低廉。

（2）流量监测精度高。依靠检测线圈产生的感应电流来判断是否有车通过。

（3）可检测车型与车速。单线圈与双线圈均可用于检测车速区分车型，双线圈可提供相对较高的精度车型识别率与车速检测率。

78. 视频类交调设备有什么特点？

视频类交调设备是基于图像处理技术，通过分析画面中像素的变化来达到计算进入画面车辆数目的目的。虚拟线圈技术是目前广为人知的一种视频技术，除此以外，近年来全视域跟踪技术也被应用到交通流量信息检测之中，也就是全视域检测技术。

1）虚拟线圈技术

其原理在于将地感线圈原理完整的化为视频图像处理技术，通过程序在视频图像固定位置做出一个或数个虚拟线圈，以此检测视频制定区域内黑白对比度的变化，从而达到检测车流量、区分车型及测量车速的功能。其主要特点有：安装维护方便；具备局部交通监测功能。

2）全视域检测技术

通过对进入视频的移动物体的实时跟踪分析，获得多种参数，在图像模式识别的基础上加入交通目标动态行为的分析软件，有效突破了传统模式识别方法的局限。其主要特点有：安装维护方便；具备局部智能监控能力，未来有很大的升级空间；能有效分割车辆阴影，测量精度较传统虚拟线圈模式有长足提升。

79. 超声波类交调设备有什么特点？

超声波类交调设备的原理是通过垂直安放于龙门架上的超声波探头实时对地发生超声波，同时对反射回来的超声波进行检测分析处理，得出路面上方运动物体的高度变化曲线及相应长度，从而实现对车型的判断。其主要特点有：

（1）不受天气变化影响，能在雨、雪、雾等恶劣天气全天候工作。

（2）流量精度高，不受车流密度影响，即使在车流缓慢、车辆密度大的环境下依旧能保持高精度。

（3）能获得包括流量、车型、车速、占车率在内的多种参数。

（4）性能可靠，维护方便。

80. 激光类交调设备有什么特点？

激光类交调设备依据激光扫描测距的基本技术原理，通过动态扫描横截面的方式获取物体的三维信息，可以对公路上车辆的轮廓进行扫描，能够精确、快速测量物体表面点的三维空间坐标，获取车辆的外形特征数据。其主要特点有：

（1）不依靠外界光源，不受外界光线影响，夜间检测效果良好。

（2）施工以及调试简单，维护以及产品升级方便。

81. 微波类交调设备有什么特点？

微波类交调设备的原理是利用微波检测器向行驶的车辆发射调频微波，波束被行驶车辆阻挡而发生反射，反射波由于多普勒效应会发生频率偏移，根据这种偏移可以判断出车辆通过，同时通过对反射信号的接收、放大、处理、检测这一连贯的过程可以实现检测交通信息的目的。其主要特点有：

（1）一套具备成熟微波技术的设备可同时检测多达8条车道的每一条车道上的交通信息，因此性能价格比很高。

（2）由于其利用微波反射原理，因此可实现全天候运作，不受雨、雪、雾等恶劣天气的影响。

（3）由于设备固定，所有功能均基于软件开发，因此具有很好的升级空间。

（4）易于安转，维护简便。

82. 交通运行监测设施应该如何布设？

交通运行监测设施的布设要求如下：

（1）国家级路网监测点交通运行监测设施布设要求：

① 易拥堵、易发生重特大突发事件的重要路段须设置交通运行监测设施，交通运行监测设施设置间距一般应小于2km；

② 恶劣气象条件下，频发路段须设置交通运行监测设施，交通运行监测设施设置间距一般应小于2km；

③ 特大型桥须设置交通运行监测设施，桥梁两侧应设置交通运行监测设施；

④ 特长隧道须按照300～750m间距设置交通运行监测设施；

⑤ 高速公路互通立交和服务区两侧须设置交通运行监测设施；

⑥ 国家Ⅰ类超限超载检测站须设置交通运行监测设施。

（2）省级路网监测点交通运行监测设施布设要求：

在满足国家级路网监测点布设要求下，省级路网监测点参考如下布设原则：

① 大型桥梁的两侧、长隧道宜按照300～750m间距设置交通运行监测设施；

② 其他治超站点、停车区、避险车道、长大下坡路段、地质灾害易发路段等宜设置交通运行监测设施。

（3）其他路网监测点交通运行监测设施布设要求：

可依据国家级、省级路网监测点交通运行监测设施布设要求制定。

83. 超限超载动态监测系统由哪些设备组成？

一般来说，超限超载动态检测系统包括动态称重系统、智能车牌自动识别系统、视频监控及信息发布系统、信息处理系统、通信系统和供电系统等6个子系统[18]。超限超载动态监测系统的构成见表4.2

表4.2 超限超载动态监测系统构成

名　　称	描 述 信 息
动态称重系统	负责完成对车辆的称重
智能车牌自动识别系统	负责完成对车辆整体外貌特征及车牌的拍照和识别
视频监控及信息发布系统	负责对现场车辆视频监控，并根据信息处理系统判别的超限超载情况向可变情报板等发出信息，对车辆进行交通控制
信息处理系统	负责处理上述系统提供的信息，自动判别被检车辆是否超载；完成数据的存储、统计和上传，便于集中管理和责任倒查
通信系统	负责将上述各系统联网通信，并与路网管理中心联网
供电系统	负责向外场设备提供电源

84. 超限超载动态监测系统主要采集哪些数据指标？

一般情况下，超限超载动态监测系统中动态称重设备能够满足交通情况调查轴载调查有关要求。除采集交调设备采集的数据指标外，还需采集车辆轴重、识别的车牌号等信息。

85. 常见的动态称重设备有哪几种形式？

动态称重是相对于传统的静态称重来说的。动态称重广泛应用于交通情况调查（轴载调查）、收费站计重收费以及超限超载车辆治理等方面。常见的动态称重设备主要包括弯板式动态称重设备、称台式动态称重设备、压电薄膜式动态称重设备、压电石英式动态称重设备以及电容式动态称重设备（图4.2）。其中：

（1）弯板式动态称重设备、称台式动态称重设备在低速动态称重中运用广泛。

（2）压电薄膜式动态称重设备、压电石英式动态称重设备、弯板式动态称重设备均在高速动态称重中有运用。

（3）电容式动态称重设备主要运用于便携式称重中。

图4.2 动态称重设备（分别为压电薄膜式、压电石英式、弯板式）

目前，除了以上几种主流传感器外，一些公司还开发其他类型动态称重设备，主要是采用了应变片技术，仍处于研发阶段。在路网运行监测中，主要考虑高速动态称重设备。

86. 压电薄膜式动态称重设备有什么特点？

压电薄膜式动态称重设备采用共聚化合物式压电传感器，利用共聚化合物的压电效应进行测量。共聚化合物式压电传感器只对压力的变化产生电势信号。

共聚化合物式压电传感器由一个金属管以及放置在其中的压电电缆构成，有效长度通常为1830mm，可扩展到3600mm，宽度为20mm，为条状传感器，不能一次测出车轮载荷，而是通过在测量期间信号累加，用积分算法求出载荷。传感器直接埋入路面，道路（特别是沥青混凝土路面）的形变对其影响较大。混凝土路面和沥青路面的温度影响不同，并且难以补偿。由于传感器设计简单，产品价格相对较低。在用于车辆分类时其性能是令人满意的，但在动态称重中，其应用非常有限。条形传感器的使用寿命相对较短，并且受公路以及安装质量影响较大。在近几年中，共聚化合物式传感器的开发取得了许多重大的成果，其性能得到了进一步的提高。

87. 压电石英式动态称重设备有什么特点？

压电石英式动态称重设备采用石英式压电传感器，利用石英的压电效应进行测量。压力使石英晶体产生变化，因而产生和压力成对应关系的电势。

石英传感器是一种新型的传感器，近几年由于其性能得到较大的提高，目前得到一定的应用。石英传感器也属于条形传感器一类，长度有2m、1.75m、1m等多种，宽度和高度均在50mm左右。和共聚化合物传感器一样，石英传感器也不能一次完整地测量出轮载,而是通过积分累加进行计算的;但是和共聚化合物传感器相比较,石英传感器的温漂极小,低速、高速状态下均可进行称量,石英的物理特性比较稳定,其灵敏度随时间变化较小。石英传感器的安装也是采取直接埋入路面的方式,因而也不可避免地受到路面形变的影响,更换时需要路面施工。

88. 弯板式动态称重设备有什么特点?

弯板式动态称重设备采用一种应变式传感器,利用集成在内部的应变片网,根据称重板受压后产生形变的原理进行测量,可以完整地记录轮胎的压力信号,真实地测量轮载值。为防止长期潮湿渗透和腐蚀,传感器表面覆盖一层高温硫化橡胶。

弯板式动态称重设备投入市场较早,技术成熟,成本较低。目前在公路上高速、低速称重中有广泛应用。但由于应变原理限制,其称重响应速度较慢,同时,传感器温漂较大,需要经常校准。

89. 超限超载动态监测系统如何辅助治超站治超?

超限超载动态监测系统辅助治超站超限超载治理的主要原理是在不影响主线上车辆正常行驶的情况下,快速检测出超重车辆,并通过配套的电子显示牌及道路标线、标志引导超限车辆进入服务区治超站接受进一步复查和处理,而不影响正常交通。一般方案如下:

在距治超站约1千米处(具体位置根据不同路况而定)安装车道高速动态称重设备,并在其后20米左右(具体位置根据抓拍设备而定）处安装数套车牌自动识别摄像仪，在高速称重装置后400米处（具体位置根据不同路况而定）设置可变情报板、声光报警器等设备，在距治超站适当距离处（具体位置根据不同路况而定）设置数套可变信息标志，同时在路段沿线合适位置设置超限车辆导向标志、标线，引导超限车辆进入治超站。在治超站内安装整车动静态称重设备，站房内配置高、低速动态称重管理计算机、视频服务器等设备，实时监控和检测公路通行的车辆。超限超载动态监测系统辅助治超站治超示意图见图4.3。

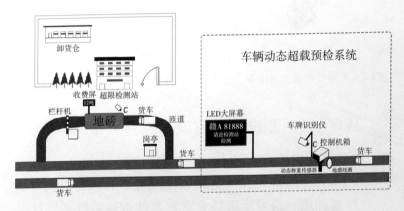

图4.3　超限超载动态监测系统辅助治超站治超示意图

超限超载动态监测系统可部署在重要桥梁等其他公路网的重要路段和节点，辅助治超原理同上。

90. 路网监测中视频监测设备功能有哪些？视频监测设备的选用有哪些要求？

在路网监测中，视频监测对象主要包括公路沿线、隧道、服务区、停车区、治超站等，主要负责对公路沿线的交通运行状况、公路基础设施状况、气象状况等进行实时图像监测，并具备及时发现交通异常事件（包括交通拥堵、交通事故、隧道火灾等）和车辆特征（牌照）的监测功能，具备对服务区的使用状况进行实时监测、及时发现区域内异常事件、提供事件处理依据的监测功能。

常见的视频监测设备主要有枪式摄像机、球形摄像机等（见图4.4）。公路沿线应采用枪式摄像机；隧道内应采用枪式摄像机；服务区可采用枪式摄像机或球形摄像机。

图4.4 常用的视频监测设备（左图为枪式摄像机，右图为球形摄像机）

91. 视频监测设施的布设有哪些要求？

视频监测设施的布设有如下要求：

（1）国家级路网监测点视频监测设施布设要求：

① 易拥堵、易发生重特大突发事件重要路段须设置视频监测设施，视频监测设施设置间距一般应小于2km。

② 恶劣气象条件频发路段须设置视频监测设施，视频监测设施设置间距一般应小于2km。

③ 特大桥梁须设置视频监测设施，其中跨大江、大河、海湾等特大桥视频监测设施设置间距须小于2km。

④ 特长隧道须设置视频监测设施，其设置间距宜在120~150m之间。

⑤ 互通立交须按监视范围和角度设置1~2处视频监测设施。

⑥ 国家Ⅰ类超限超载检测站须设置视频监测设施。

⑦ 综合养护中心须按场区分别设置1~2处视频监测设施。

（2）在满足国家级路网监测点布设要求下，省级路网监测点应参考如下设置原则：

① 大型桥梁应设置视频监测设施，视频监测设施设置间距宜小于2km。

② 长隧道应按照120~150m间距设置视频监测设施。

③ 互通立交应根据其监视范围和角度设置1~2处视频监测设施。

④ 除Ⅰ类之外的超限超载检测站应设置视频监测设施。

⑤ 其他如停车区、避险车道、长大下坡路段、地质灾害易发路段等宜设置视频监测设施。

（3）其他路网监测点视频监测设施布设要求：

可依据国家级、省级路网监测点视频监测设施布设要求制定。

92. 路网监测中气象监测设施需要监测哪些内容？

根据公路交通气象信息应用的数据需求，气象监测主要包括能见度监测、路面气象条件监测、气象环境监测三个主要方面，需要准确采集公路沿线气象参数，包括能见度、大气温度、相对湿度、风速、风向、降水、路温、路面状态（可区分干燥、潮湿、积水、结冰、积雪等状态）等数据信息。其中：

（1）能见度的自动监测主要通过能见度仪实现。能见度自动观测设备指前向散射式能见度仪或当前天气现象传感器（含散射式能见度观测功能）。

（2）路面气象条件监测内容主要包括路温、路面状况等方面。路面气象条件的自动监测通常利用路面传感器实现，路面传感器的监测内容取决于各自产品特征。

① 路温（包括公路表面温度和公路表面以下10cm处的温度）通过路面传感器或路温传感器（铂电阻）进行观测。

② 路面状况（泛指路面处于干燥、潮湿、积水、结冰或结霜、积雪等状态）通过路面传感器或专用传感器进行观测。

（3）气象环境监测主要包括气温、相对湿度、风速风向、降水量等监测。

① 气温：在公路交通气象观测中，温度与湿度的观测通常是由一个集成式传感器来完成的。为降低太阳照射对观测值的影响，通常将温（湿）度传感器放置在太阳辐射屏蔽罩内。

② 相对湿度：表示空气中的水汽含量和潮湿程度的物理量。

③ 风速风向：观测一般采用风速风向传感器，根据工作原理可分为机械式风传感器和超声波风传感器。在北方冬季降雪量大、气温低，或是沙尘、冻雨天气较多地区，宜采用超声波风传感器。

④ 降水量：降水是指从天空降落到地面上的液态或固态的水汽凝结物，包括雨、雪、雨夹雪、冰雹等。降水通常用翻斗式雨量计或天气现象（也称为当前天气）传感器来实现自动观测。

93. 气象监测传感器的选择有什么要求？

气象设备监测设施配置的各种传感器应符合相关国家或行业标准。传感器的选型要充分考虑交通气象观测功能需求、传感器的维护需求、传感器的功耗、传感器技术的成熟性、可靠性、经济性等。表4.3为气象监测传感器选型推荐。

表4.3 气象监测传感器选型推荐

序号	要素名称	推介传感器类型
1	能见度	前向散射式能见度仪
2	气温	集成数字式温（湿）度传感器或铂电阻温度传感器
3	相对湿度	集成数字式温（湿）度传感器或湿敏电容传感器
4	风速	超声波风传感器；风杯风速传感器；螺旋桨式风传感器
5	风向	超声波风传感器；单翼风速传感器；螺旋桨式风传感器
6	降水	天气现象传感器；翻斗式雨量传感器
7	路温	铂电阻温度传感器；或满足要求的其他直接或间接测路温的传感器
8	路面状况	路面传感器

注：气温、相对湿度、风速、风向等要素的观测也可采用满足相应技术要求的多功能紧凑型气象传感器，此类传感器集气温、相对湿度、风向、风速等要素观测于一体，具有集成度高、体积小、安装方便等优点。

94. 恶劣气象条件频发的路网监测点气象监测设施布设有哪些要求？

恶劣气象条件频发的路网监测点气象监测设施的布设

要求如下：

（1）恶劣气象条件频发的国家级路网监测点气象监测设施布设：

① 以大雾为主要恶劣气象条件的路段，气象监测设施须能够采集能见度参数。对于季节性浓雾多发地区，气象监测设施应按15~20km间距布设；对于浓雾多发的山区和水网地区，应按10km间距布设。

② 以结冰为主要恶劣气象条件的路段，气象监测设施须能够采集路面潮湿、结冰等路面状况参数。路段长度小于15km的，在路段中部或两侧适合位置布设1~2处气象监测设施；路段长度大于15km的，按15km间距布设。

③ 以大风为主要恶劣气象条件的路段，气象监测设施须能够采集风速参数。路段长度小于15km的，在路段适合位置布设1~2处气象监测设施，宜选择在风区两侧开始位置附近；路段长度大于15km的，按15km的间距布设。

④ 存在多种恶劣气象条件的路段，应同时监测相应环境参数，统筹气象监测设施的布设，以节约建设和运维成本。

（2）恶劣气象条件频发的省级路网监测点气象监测设施布设：

在满足国家级路网监测点布设要求下，恶劣气象条件频发的省级路网监测点气象监测设施应参考如下布设原则：

① 于平原或微丘地区，按30~50km间距布设。

② 对于山岭或重丘等地形较为复杂的地区，应充分考虑海拔高度、地形、地貌对气象的影响，按20~40km间距布设。

③ 对于我国西部地广人稀且地形与气象条件变化不频

繁的地区，或是以沙尘暴和大风为主要影响天气的（半）干旱、沙漠等地区，可采用50km以上的间距布设。

④ 在路网相对密集地区，气象监测设施的布设需对公路沿线的气象监测点进行统筹考虑。

（3）恶劣气象条件频发的其他路网监测点气象监测设施布设：

可依据国家级、省级路网监测点气象监测设施布设要求制定。

95. 情报板信息发布设备有什么功能？通常如何分类？

在公路重要节点设立情报板信息发布设备，向公路沿线经过的出行者提供实时交通运行状态、重大突发事件、恶劣天气以及公路封闭等出行服务信息。

情报板信息发布设备的分类方法如下：

（1）按安装结构分，情报信息发布设备通常包括门架式（图4.5）、悬臂式、悬挂式以及柱式。

图4.5　门架式可变情报板

（2）按功耗及先进性划分为常规情报板、超节能智能管理型情报板。

（3）按像素中的LED管芯颜色划分为单基色情报板、双基色情报板、全彩情报板等。

96. 情报板信息发布设备的布设有哪些要求？

情报板信息发布设备的布设应从公路交通系统三类用户主体（出行者、交通管理部门、交通规划研究部门）对信息的不同需求角度进行分析，主要设置在具有代表性的路段，如主干路、事故多发路段等。

根据布设地点的实际情况不同，可选择不同安装结构的情报板发布设备：

（1）门架式情报板信息发布设备一般设置在道路主线，采用横跨车道的龙门架支撑。可变信息标志设于车道正上方，门架基础一端设置在中央分隔带，一端设置在路侧，也可横跨道路两侧。

（2）悬臂式情报板信息发布设备一般设置在行车方向右侧，采用单立柱悬臂架支撑，基础和立柱设置在路侧，可变信息标志悬空安装在车道上方。

（3）悬挂式情报板信息发布设备一般设置在隧道内，通过固定件进行吊装或贴装。

（4）柱式情报板信息发布设备分为单立柱和双立柱两种安装方式，单立柱式一般设置在行车方向右侧，双立柱式一般设置在高速公路服务区内或收费站前。

另外，可采用车载移动式可变情报板，用于重要节点路段没有固定的交通信息发布系统而且须及时向驾驶员传递交通信息以确保行车安全的情况，如事故突发地等。

97. 航拍器有哪些应用？

航拍器在公路交通中可应用于高空视频采集、辅助应急事件处置、桥梁设施及道路沿线巡检等（图4.6）。

航拍器的应用	高空视频采集	公路交通管理部门可通过无人机采集的实时公路重要交通节点高空视频，实现对宏观交通状况的把握和微观交通动态的掌控，可用于交通现场勘察、交通道路规划、拥堵事件预警和疏堵勤务响应等
	辅助应急事件处置	即当公路沿线等地发生严重自然灾害和交通事故灾害等突发事件时，快速释放无人机，不受地形限制和现场危险污染源影响第一时间直接飞往事发地点，为指挥调度中心采集第一手视频资料。帮助指挥人员了解现场情况，从而掌握全局、通盘指挥和正确疏导
	桥梁设施及道路沿线巡检	可通过携带无人机对巡检目标进行全方位高清视频采集和精确定位，提高工作效率，降低工作强度，保证工作安全

图4.6 航拍器

98. 什么是移动监测车？有哪些应用？

移动监测车可分为两类：一类是专门用于应急处置的应急指挥车；另一类是用于日常应急巡查的车辆，可将公路路政巡查车等进行改装，辅助移动监测。

1）应急指挥车

可用于辅助应急指挥车上的指挥人员制定救援方案，实现事故现场与上级应急平台间的信息交换，通过移动应急平台系统可及时查看突发事件现场附近的地理信息、地形地貌信息等，便于及时制定现场处置方案，为突发事件的高效指挥提供支持。

应急指挥车通常具有应急平台综合应用功能、卫星通信功能、视频会议功能、现场无线组网覆盖功能、图像接入功能、语音通信与综合接入调度指挥功能、光纤接入功能、公用无线网络接入功能、导航定位功能、野外供电功能、现场照明广播功能等。

2）应急监测车

与指挥中心其他应用系统相关联构建多业务信息采集和处理平台，不仅将车辆应急巡查现场高清图像、声音及所在位置传送到指挥中心，也可用于路政执法取证、路域环境整治巡查等业务。

应急监测车结合了计算机集中控制、无线通信、音（视）频传输与处理、数据通信、无线视频传输、车辆改装等技术，搭建音视频通信平台、车载办公平台、指挥调度平台等，可采集、回传现场音视频信息，并将音视频信息进行存储，配置视频会议系统，应急巡查车与应急指挥中心可召开视频、音频会议。

99. 什么是移动单兵？有哪些应用？

移动单兵，即移动单兵智能终端（图4.7），是移动场合应用的单兵监控终端，该终端设备配合监控平台的统一管理，能够快速到达应急处置一线，特别是深入到车辆或其他大型器械无法达到的地方，实时传回应急处置现场视频，有效执行应急处置指令。

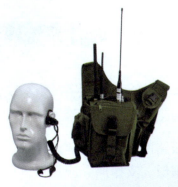

图4.7　移动单兵智能终端

100. 外场监测点的安全通常包括哪几部分内容？

外场监测点的安全主要包括应用安全和数据安全。

（1）应用安全，主要指路网运行监测点与路网平台之间、上级路网平台与下级路网平台之间公路网运行数据信息发送得到保障。通常采用的方式有数字签名机制和数字证书与系统参与者绑定机制，确保交互数据的真实性和抗抵赖性。

（2）数据安全，主要是通过采用密码技术及密码技术支持的数据完整性保护机制，实现数据的完整性和保密性的目标。

> **知识延伸**：什么是数字签名？
> 　　数字证书是一种权威性的电子文档,由权威公正的第三方机构，即CA中心签发的证书。

第五章 软件系统建设

101. 软件系统建议采用什么软件体系结构？建设中应遵循哪些基本要求？

部、省两级路网平台软件建设建议采用开放式体系架构，宜采用数据层、支撑层、应用层三层结构。市、县级路网平台软件可结合实际情况，选用合适软件体系结构。省级路网平台也可以建设省、市两级或省、市、县三级应用平台。

软件建设应遵循如下基本要求：

（1）路网平台软件的设计应遵循分级、分类的设计原则。

（2）路网平台软件宜采用平台无关的、标准化的架构模式。

（3）路网平台软件应当满足低耦合、高内聚的优秀软件特性，并具有高重用性。

（4）路网平台软件应具有充分的可靠性、可维护性、可适应性、可移植性、可追踪性和良好的互操作性和可扩展性。

（5）路网平台软件开发和使用，应符合我国法律、法规及国家、行业有关标准的规定。

（6）路网平台软件应提供灵活方便的数据更新手段和方法，包括定期更新和实时更新，确保数据的及时性、准确性、完整性和安全性。

102. 软件系统建设主要包括哪些内容？

部、省两级路网平台建设，主要包括数据层、支撑层、应用层等三层结构内容。其中：

（1）第一层数据层，即路网平台软件中的各类数据库。

（2）第二层支撑层，即应用支撑环境，包括应用中间件、基础构件等。

（3）第三层应用层，主要包括路网平台等业务软件。

> **案例解析**：江西省普通干线路网运行监测与应急管理系统采用了上述分层结构，其中第一层数据层，包括的内容有基础数据库、业务数据库、专题数据库、分析数据库、共享数据库等；第二层支撑层，包括的应用中间件有企业服务总线（ESB）、数据交换平台等，包括的基础构件有工作流引擎、GIS平台软件、报表引擎等；第三层应用层，包括公路信息服务平台、路网运行监测与应急管理系统、交通情况调查数据采集与服务系统等。

103. 常用的软件系统开发平台有哪些？

路网平台软件应用开发可选用当前流行的企业级开发平台，如J2EE平台、NET平台等。可根据选择的系统平台选用合适的软件开发工具开发。

104. 什么是数据接口？软件系统中数据接口应如何建设？

数据接口主要由接入控制系统、数据传输方式、数据格式等方面组成。数据接口面向上、下两级路网平台之间的数据交互进行定义。

建设部、省两级路网平台软件，需按照《公路网运行监测与服务暂行技术要求》中定义的数据交换要求开发接口，实现部、省路网平台数据对接。省级路网平台软件可重新定义数据接口，与市级路网平台软件实现数据交互。

105. 数据交换接口的要求有哪些？

数据交换接口的要求如下：

（1）业务数据交换接口的要求：

各类公路网运行监测与服务信息的业务数据交换接口需支持4种不同的模式，包括中间库模式、XML文件格式、目录监测模式、Web服务模式等。

（2）视频数据交换接口的要求：

① 采用IP网络进行互联，连接端口为RJ-45网络接口（100/1000M自适应）。

② 通信协议、联网结构和联网协议等应满足相关行业标准规范的要求。

③ 省级路网平台软件须提供满足设备注册与发现、实时视频图像获取、历史视频图像的获取和回放、视频监测设施的查询和控制要求的通信协议规范文档。分级建设的市级路网平台软件可参照省级路网平台软件要求建设。

④ 在通信协议中，对用到的设备、用户和图像资源等要明确说明其编码规则，以便使用。

⑤ 传输的视频数据格式应符合H.264/AVC标准的规定。支持隔行扫描，图像格式4∶2∶0。视频流不能包括B帧；不包括GMC。当分辨率为720×576时（25帧/秒），系统输出码流率小于等于4Mbps。

106. 什么是接入控制系统？软件系统中的接入控制系统应如何布设？

接入控制系统是解决上、下两级路网平台之间数据一致性问题的前置服务系统，一般以一对一或一对多的方式布设。接入控制系统配置需满足部、省两级路网平台的信息规模、管理力度、业务扩展趋势等多层级互操作要求，可扩展，可实现平稳升级。通过采取在上、下两级路网平台上设置"接入控制系统"的方式解决上下两级路网平台之间的业务数据、视频数据格式一致性问题。

部、省两级路网平台之间采用一对多的方式进行接入控制系统布设，省级路网平台布设至少一套接入控制系统。根据省级路网平台的数据规模，部级路网平台设置相应的接入控制系统与各省接入控制系统进行信息交互。分级建设的省、市路网平台软件系统可根据实际需要，选择一对一或一对多方式布设。

107. 软件系统业务数据传输有什么要求？

软件系统业务数据传输的要求如下：

（1）国家级路网监测点采集的交通量、车辆速度、路网环境、基础设施状态、公路突发（阻断）事件信息等业务数据应传输至省级路网平台，并经省级路网平台上传至部级路网平台。省级路网监测点采集的业务数据传输至省级路网平台，如部级路网平台需要，可从省级路网平台按需调用。

（2）人工输入信息由省级路网平台上传部级路网平台。省级路网平台具备接收市级路网平台数据的功能。

（3）各级路网平台与同级气象、国土等部门实现信息共享。

> **知识延伸**：其他路网平台软件系统数据传输的要求：
> （1）其他路网平台软件数据传输要求可根据部、省级路网平台数据传输要求制定。
> （2）上下两级路网平台之间具备身份认证的数据交换功能。
> （3）同级路网平台之间可通过上级路网平台实现信息共享功能；同级路网平台亦可按照路网平台数据交换功能和安全要求，建立相应同级路网平台之间信息共享功能。

108. 软件系统视频数据传输有什么要求？

视频数字图像压缩标准应采用H.264协议标准，为每路图像提供的传输带宽应不高于$2 \times 2Mbit/s$。视频图像压缩处理不宜超过一次，应通过平台视频监测系统实现对视频图像传输的联动控制和网络管理功能。

国家级、省级路网监测点的视频数据应全部供省级路网平台调用，并通过省级路网平台同时上传至少4路图像至部级路网平台，其他各路图像可供部级路网平台选择调用。部级路网平台控制权限高于省级路网平台。

发生重特大公路交通突发事件时，可通过移动应急采集设施将视频图像及相关业务数据上传至省、部两级路网平台。

109. 监测数据传输的时效性、优先级和精确度有什么要求？

国家级路网监测点监测数据经省级路网平台上传至部级路网平台，以及省级路网平台其他数据上传至部级路网平台的数据传输时效性、优先级和准确度要求参见表5.1。

省级路网监测点及其他路网监测点数据上传至省级路网平台的数据传输周期可参考以下要求，并在业务可行的时间内制定数据传输时效性要求。

表5.1 外场监测数据传输至部级路网平台的时效性、优先级和准确度要求

序号	数据传输内容		数据传输时间（周期）	数据传输优先级	数据精确度
1	交通运行参数	断面交通量（车辆数）(v/h)	不大于10min	中等优先级	不低于85%
		车辆类别（大/小）	不大于10min	中等优先级	
		地点速度（km/h）	不大于10min	中等优先级	
		单位时间平均时速（km/h）	不大于10min	中等优先级	
		收费站交通量*（含车辆出入收费站时间、出入收费站地点、车辆出入收费站行驶里程、车型）	不大于10min	一般优先级	
2	视频图像数据		实时	中等优先级	不低于D1、不低于25帧/秒

续上表

序号	数据传输内容		数据传输时间(周期)	数据传输优先级	数据精确度
3	路网环境参数	能见度(m)	不大于10min	中等优先级	不低于85%
		路面是否有冰雪	不大于10min	中等优先级	
		路面是否潮湿	不大于10min	中等优先级	
		路面是否干燥	不大于10min	中等优先级	
		气象、国土等部门共享信息	4~8小时	中等优先级	
		风速*(m/s)	不大于10min	一般优先级	
		风向*(°)	不大于10min	一般优先级	
		降水量*(mm)	不大于10min	一般优先级	
		大气温度*(℃)	不大于10min	一般优先级	
		相对湿度*(%)	不大于10min	一般优先级	
		路面温度*(℃)	不大于10min	一般优先级	
4	公路交通突发(阻断)事件信息		按相关制度执行	最高优先级	不低于98%
5	基础设施运行参数		24小时	中等优先级	—
6	省级公路网运行状态监测与服务指标数据		4~8小时	中等优先级	—
7	部级路网平台所需的其他信息		发生时	一般优先级	—

注:本表中标注"*"的参数属二级参数。

110. 系统如何确保数据格式一致?

各级路网平台的数据必须经过统一数据格式且标准化后,方可进行数据传输与交互。分级建设的路网平台软件系统,应采取分别在各级路网平台上设置"接入控制系统"的方式,解决数据格式一致性问题。

111. 系统数据存储的基本要求有哪些？

系统数据的存储需满足以下基本要求：

（1）数据内容需真实、完整、准确和有效。

（2）数据准确度须符合视频数据、交通运行数据、路网环境数据、公路交通突发（阻断）事件信息以及基础设施运行数据的有关要求。

（3）系统的数据应满足部、省两级路网平台软件数据接口要求。

（4）数据应满足一致性、准确性、完整性和不可抵赖性等要求。

112. 系统数据应如何存储？

路网平台的数据应采取分级、分类存储原则，在对数据进行分类和评估的基础上，优化数据分层存储架构和存储内容及方式，将数据分配到最合适的存储层中。路网平台各类数据存储方式可以采用硬盘、光盘等，不排除其他新型永久性保存方式。分类归档应按照路线进行，并以年份为排列顺序进行管理。

113. 软件系统数据的存储时间有什么要求？

软件系统数据存储时间的要求有：

（1）部、省两级路网平台业务数据存储应至少保留3年；业务数据超出存储时间后应作备份存档，存期需至少5年。

（2）部级路网平台对实时视频数据不作存储，原则上省级路网平台对实时视频数据需至少存储一周。根据管理体制的不同，分级建设路网平台软件的，省级路网平台可对实时视频不作存储。对突发应急等情况下需存储的视频可进行分段存储，并至少保留一年。部、省两级路网平台视频数据备份存期需保留一年，逾期后可进行销毁。

（3）其余各级路网平台业务数据、视频数据存储时间根据实际需要确定。

114. 系统的安全保护能力是指什么？通常包括哪几个方面？

系统的安全保护能力指系统能够抵御威胁、发现安全事件以及在系统遭到损害后能够恢复先前状态等的程度。通常包括系统的网络安全、主机安全、软件安全以及数据安全等方面。

> **知识延伸：**
>
> （1）系统的网络安全主要有网络的结构安全、访问控制安全、安全审计、边界完整性防护、网络设备防护等。
>
> （2）系统的主机安全主要有身份鉴别、访问控制、安全审计、入侵防范、恶意代码防范以及资源控制等。
>
> （3）系统的软件安全主要包括身份鉴别、访问控制、安全审计、通信完整性、通信保密性、抗抵赖性、软件容错及资源控制等。
>
> （4）系统的数据安全主要包括数据的完整性、数据的保密性以及数据的备份与恢复等。

115. 路网平台软件功能主要由哪些子功能系统组成？

路网平台软件的核心功能应包括公路网监测与分析功能、应急会商与处置功能、信息发布功能、信息展示功能、网络管理功能、互操作功能和数据交换功能等。

满足核心功能外，各级路网平台软件可对自身功能进行扩展，以满足不同层级和范围的业务需要。

建设示例：江西省普通干线路网运行监测与应急处置平台项目建设的软件系统，主要包括江西省普通公路路网运行监测与应急管理业务系统、江西省交通情况调查数据采集与服务系统、江西省路网运行监测视频管理系统、江西省公路信息安全运营管理系统、江西省公众公路出行服务系统等，具体如图5.1所示。

图5.1 江西省普通干线路网运行监测与应急处置平台项目软件系统

116. 数据收集软件子系统有什么核心功能？

数据收集系统主要功能有：
（1）路网监测点采集数据的收集与存储工作；
（2）公路交通突发（阻断）事件信息的收集与存储工作。
建议数据收集系统核心交换机采用千兆以太网交换机；服务器采用高可靠性、高性能企业级或部门级服务器，并配置双机冗余系统。

117. 视频监控软件子系统有哪些基本功能？在运用的过程中有哪些要求？

各级路网平台应具备对采集的视频图像进行监视并进行切换、控制和录制等功能，视频图像传输方式应采用数字压缩方式进行传输。

在运用的过程中，主要要求有：
（1）路网平台视频监控系统可选择调用本辖区内监测点实时视频图像，并能进行按需切换和录制。
（2）上级路网平台视频监控系统优先级高于下级路网平台视频监控系统，上级路网平台视频监控系统能调用并控制下级路网监测点的实时视频图像并进行录制。

118. 信息处理与分析软件子系统有哪些核心功能？

信息处理与分析软件子系统的核心功能有：
（1）路网运行状态评估功能：可对路网监测点实时数据进行加工、分析和统计，生成路网运行状态监测与服务指标，汇总路网运行监测统计和分析信息。

（2）路网运行态势分析与预测功能：利用路网监测点数据及信息处理与分析系统的功能，实现对辖区内路网运行态势的分析及预测。

（3）动态图表展示功能：借助监视器或大屏幕投影系统对公路网运行状态监测与服务指标、各类事件信息及各类报表，用图形化方式进行展示；有条件的可引入三维地图展示方式。

（4）统计分析功能：可定制生产所需的各类统计报表。

119. 应急处置与指挥软件子系统有哪些核心功能？

应急处置与指挥软件子系统主要包括事件预报预警、事件定级、预案启动、路网协调与指挥系统、应急资源管理、应急信息发布以及处置结果分析等核心功能。

120. 应急处置子系统中应急资源管理是指什么？对应急资源管理有哪些要求？

路网平台应急处置与指挥系统可实现对应急管理机构、应急队伍、物资设备、通信保障等人力、物力、财力资源的信息管理。在应急资源管理中，需要对资源监控（应急资源跟踪反馈、应急资源分布、应急资源状态等），以及资源储备、配置、调度和编码进行管理，并实现应急资源调度与使用的全过程监督。

121. 应急处置子系统中事件预报预警需要实现什么功能？

路网平台应急处置子系统利用收集和共享的交通量数据及公路气象、地质灾害数据进行分析与预测，提供中短周期内的公路网运行态势分析及影响预测服务，并对路网可能发生的突发事件进行预测和分析并进行预警。

122. 应急处置子系统中事件定级功能有什么要求？

各级路网平台应急处置子系统可对通过路网监测点采集系统、人工报送系统及其他方式获取的辖区公路网内发生的重特大突发事件进行定级，并按照事件级别启动相应应急处置流程，达到一定级别时应自动上报上级路网平台应急处置与指挥系统，由上级路网平台完成定级和处置流程。

123. 应急处置子系统中处置结果分析需要包括哪些具体功能？

路网平台应急处置与指挥系统应具备在应急事件处置结束后，对事件处置过程进行评估的功能，包括应急过程再现、事件评估、统计分析、综合报告等。

124. 信息显示应配置哪些硬件设施？

信息显示系统应配置大屏幕投影系统和显示屏，并设置在专用会商室或监控大厅。大屏幕投影系统由投影显示、信号处理和控制系统三部分组成，可对视频信号、计算机图像信号等进行综合显示。显示屏通过专用的接口和计算机进行连接，动态显示相关信息，并应支持全屏、多窗口等多种显示方式。

125. 信息发布软件子系统功能主要指哪些？

信息发布软件子系统指路网平台信息可通过可变情报板、公路出行服务网站、交通服务热线、广播电视、移动终端（车载终端）、手机短信、微信公众号、官方微博等方式向行业和社会公众发布，包括电子地图信息、实时交通运行状况信息、突发事件及应急宣传信息和公路出行自驾服务等日常服务信息。

126. 网络管理软件子系统有什么作用？

网络管理软件子系统可以监测上下两级路网平台之间、路网平台与路网监测点之间各种设备可能出现的故障，检测网络性能瓶颈并及时做出报告，进行自动处理或远程修复，保障网络正常、高效运行。

网络管理宜采用集中式管理和分布式管理相结合的管理模式。

127. 软件子系统中的互操作功能是什么？

互操作功能，指路网平台软件通过提供有身份认证的业务接口实现互操作功能，下级路网平台为上级路网平台提供信息展示与业务操作平台功能，上级路网平台为下级路网平台提供信息展示与交互平台预留功能。

128. 如何确保各级路网平台软件的一致性？

确保各级路网平台软件的一致性应做到：

（1）各级路网平台软件在核心功能方面应具备一致性。

（2）各级路网平台软件须实现用户权限配置，通过分配权限控制用户对功能、数据的访问。

（3）各级路网平台软件具备对管辖范围内公路网运行状态进行实时监测、协调管理和对管辖范围内发生的突发事件进行预测预警、应急处置的功能。

（4）各级路网平台软件应通过接入控制系统实现数据交互与共享，保证各级路网平台之间以及路网平台与路网监测点之间数据交换的机密性。

第六章 运维保障管理

129. 系统的运维管理包括哪几个方面？

系统的运维管理主要包括环境管理、介质管理、设备管理、网络安全管理、系统安全管理、恶意代码防范管理、密码管理、变更管理、备份与恢复管理以及安全事件处置。

130. 如何对环境实施运维管理？

对环境实施运维管理的重点在于如何根据不同区域的特点使用不同的安全管控和出入原则。对重点的区域可以选用先进的安全设备，使用严格的进出管理控制制度进行管理。

通过对各区域内所存放的信息资产的等级进行分析，将名区域划分成不同类别的管控区域和安全区域。建议至少划分为3类区域：公共区域、办公区域、机房区域。

（1）公共区域：这些区域通常用于生活与展示的配套区域。该区域允许员工及获准进入的第三方、客户在遵守相关制度的前提下自由进出。

（2）办公区域：用于存放日常行政办公信息处理设备和其他办公设备，开展日常工作的区域。这类区域的进入通常需要办理相关的进入申请，配备有视频监控系统。

（3）机房区域：用于存放核心信息处理设备和供配

电等基础设备,开展一线服务工作的区域。这类区域严格限制人员设备的进出,有先进的门禁及监控系统以确保信息系统安全。

131. 如何对数据存储介质实施运维管理?

(1)确保介质存放在安全的环境中,对各类介质进行控制和保护,并实行存储环境专人管理。

(2)对介质归档和查询等过程进行记录,根据存档介质的目录清单定期盘点。

(3)对需要送出维修或销毁的介质,清除其中的敏感数据,防止信息的非法泄漏。

(4)根据所承载数据和软件的重要程度对介质进行分类和标识管理。

132. 如何对机房设备实施运维管理?

(1)对公路网运行监测与服务系统的各种设备(包括备份和冗余设备)、线路等指定专人定期进行维护管理。

(2)对终端计算机、工作站、便携机、系统和网络等设备的操作和使用进行规范化管理,按操作规程实现关键设备(包括备份和冗余设备)的启动/停止、加电/断电等操作。

133. 如何对网络安全实施运维管理?

(1)指定人员对网络进行管理,负责运行日志、网络监控记录的日常维护和报警信息分析及处理工作。

(2)建立网络安全管理制度,对网络安全配置、日志保存时间、安全策略、升级与打补丁、口令更新周期等方面作出规定。

（3）根据厂家提供的软件升级版本对网络设备进行更新，并在更新前对现有的重要文件进行备份。

（4）定期对网络系统进行漏洞扫描，对发现的网络系统安全漏洞进行及时的修补。

（5）对网络设备的配置文件进行定期备份。

（6）保证所有与外部系统的连接均得到授权和批准。

134. 如何对系统安全实施运维管理？

（1）根据业务需求和系统安全分析确定系统的访问控制策略。

（2）定期进行漏洞扫描，对发现的系统安全漏洞及时进行修补。

（3）安装系统的最新补丁程序，在安装系统补丁前，应首先在测试环境中测试通过，并对重要文件进行备份后，方可实施系统补丁程序的安装。

（4）建立系统安全管理制度，对系统安全策略、安全配置、日志管理和日常操作流程等方面作出规定。

（5）依据操作手册对系统进行维护，详细记录操作日志，包括重要的日常操作、运行维护记录、参数的设置和修改等，严禁进行未经授权的操作。

（6）定期对运行日志和审计数据进行分析，以便及时发现异常行为。

135. 如何对恶意代码防范实施运维管理？

（1）提高所有用户的防病毒意识，告知及时升级防病毒软件,在读取移动存储设备上的数据以及在网络上接收文件或邮件之前,先进行病毒检查,外来计算机或存储设备接入网络系统之前也应进行病毒检查。

(2)指定专人对网络和主机进行恶意代码检测并保存检测记录。

(3)对防恶意代码软件的授权使用、恶意代码库升级、定期汇报等作出规定。

136. 运维中对系统的备份与恢复有哪些要求?

运维中对系统的备份和恢复的要求有:

(1)识别需要定期备份的重要业务信息、系统数据及软件系统等。

(2)规定备份信息的备份方式、备份频度、存储介质、保存期等。

(3)根据数据的重要性及其对系统运行的影响,制定数据的备份策略和恢复策略,备份策略指明备份数据的放置场所、文件命名规则、介质替换频率和数据离站运输方法。

137. 如何对系统软件程序及数据进行备份?

路网平台软件程序和数据要实现定期、自动异地备份,备份方式可根据实际情况选用完全备份、增量备份等备份方式;针对视频数据的备份,可采取定期增量备份方式;路网平台在服务器配备上应尽可能实现冗余,并通过多机并行等方式减少可能出现的系统灾难造成的重要数据损失和业务停顿风险。

> 知识延伸1：系统数据的备份时间要求：
>
> （1）业务数据超出存储时间后应作备份存档，以年为周期，永久保存。
>
> （2）省级路网平台视频数据备份存期需保留一年，逾期后可进行销毁。
>
> （3）市级、县级路网平台视频数据备份存期可参照省级路网平台备份要求，根据实际情况制定。
>
> 知识延伸2：系统数据的存储与系统数据的备份是两个概念。其中：系统数据的存储重点解决原始数据的正常存放和读取问题，包括媒介以及存放和读取方法；系统数据的备份则通过定期或实时复制技术，应对各类人为失误、软件故障、系统故障、自然灾难引起的数据丢失、损坏、出错等问题。

138. 运维中如何进行安全事件处置？

（1）报告所发现的安全弱点和可疑事件，但任何情况下用户均不应尝试验证弱点。

（2）制定安全事件报告和处置管理制度，明确安全事件类型，规定安全事件的现场处理、事件报告和后期恢复的管理职责。

（3）根据国家相关管理部门对计算机安全事件等级的划分方法和安全事件对本系统产生的影响，对本系统计算机安全事件进行等级划分。

（4）记录并保存所有报告的安全弱点和可疑事件，分析事件原因，监督事态发展，采取措施避免安全事件发生。

139. 各级路网管理中心机房日常管理注意事项有哪些？

各级路网管理中心机房日常管理注意事项有：

（1）网络管理员要定时巡视机房工作，检查机房环境温湿度、清洁度等指标，检查机房设备与消防装置，及时更换、维修受损设备。

（2）针对一些容易受损的硬件和常用耗材，建立备件库，以便能够及时更换受损硬件；

（3）建立完善的网络安全管理制度，采用先进的安全保密技术，并做好计算机防病毒工作，确保机房网络安全。

（4）加强防火意识，不得将易燃、易爆和影响设备性能的物品带入机房。

（5）严禁无关人员操作机房设备，禁止机房外人员非工作需要时进入机房。

（6）机房设备要保持清洁、卫生，并由专人负责管理和维护。

（7）严禁乱拉乱接电线，不随意对设备断电、更改设备供电线路，严禁随意串接、并接、搭接各种供电线路。

140. 各级路网管理中心指挥大厅设备日常管理注意事项有哪些？

路网管理中心指挥大厅设备日常管理注意事项主要有：

（1）指挥大厅设备必须严格按照有关操作规程进行操作，原则上不许外借他人使用，若需借用应由相关领导批准。

（2）严禁随意开关指挥大厅的网络设备、监控设备、电源设备以及相关运营商通信设备等。

（3）每月对指挥大厅软硬件系统、通信系统、电源等系统进行一次检查，每季度进行一次卫生清洗，每半年进行一次设备彻底检修。在每年雷雨季节来临之前，需安排专业人士检查机房防雷接地。

（4）每次设备故障的具体情况、损坏程度、采取措施、更换耗材及备件等详细记录必须进行存档保存；设备耗材和备件统一发放、保管、调配。

（5）严格遵守路网中心关于设备使用、保养的规章制度，认真记录系统设备运行情况。

141. 系统建设有哪些安全要求？

安全及认证体系是公路网运行监测与服务系统的重要组成及建设内容。系统应根据公路网运行监测与服务业务特点和重要性，结合交通运输行业信息化建设情况实现分级的安全及认证功能。各级路网平台应按照国家信息安全等级保护第二级相关标准规范建设信息系统安全保护体系。

部、省两级路网平台应具备异地容灾备份的功能。

公路网运行监测与服务系统采用行业统一的密钥安全认证服务体系对数据交互进行保护，确保交互数据的真实性和抗抵赖性。

142. 路网监测点设备故障处理有哪些要求？

路网监测点设备故障处理的具体要求包括故障判断、更换部件及调试工作。故障维修根据维修工作的工作量、难易度、费用及故障本身对系统影响程度等分为三个级别。

1）一级维修

一级维修是到现场后，维修人员能够判断故障原因的设备维修以及在现场通过简单的修理和测试即可修复故障的设备维修工作。

一级维修不需要更换备品备件，但可能使用专用测试工具及各类辅材。

一级维修方案根据现场情况由维修人员判断，若在维修过程中会造成除故障以外的其他系统功能丧失或故障，必须通知用户方，经同意后进行维修。

2）二级维修

二级维修是到现场后，维修人员能够判断故障原因的设备维修、常见故障的板级修理、需要更换备品配件才能够完成的故障修理以及需进行较复杂的测试可能够完成的故障修理，二级维修按照维修程度的不同又分为一类维修、二类维修、三类维修。

二级维修一般需要更换备品备件，并需使用专用测试工具及各类辅材。

二级维修方案根据现场情况由维修人员确定，必须通知用户方，经同意后进行维修，维修后进行详细记录。

3）三级维修

三级维修是多个故障点造成的系统性故障、设备或部件的不常见故障的板级修理、高价值设备或部件的维修。

三级维修仅更换备品备件不能完全排除故障，需要采购新的设备/模块或进行设备返厂维修等，并包括维修后的设备调试至正常功能的工作以及引发的相关的系统联合调试工作。

三级维修方案应由系统运营方（用户）、维护方（自维或委托维护）、系统集成方（缺陷责任期内）、路网中心等相关各方共同参与制定，其中维修人员负责起草总体方案供各方讨论，经同意后由路网中心相关领导批准后方可进行维修，维修后整理完备的维修记录（竣工图）备案，并由路网中心组织进行验收。

143. 如何安排各类设备巡检？

按照设备使用情况，对外场监测设备、机房设备进行每日巡检，对大厅显示大屏、应急电话系统、中控系统、视频会议系统、配电系统进行每周巡检，对机房消防系统进行每月巡检，确保各项设备稳定运行，并做好巡检记录。

每次巡检时，应该按照巡检表，做好相应的记录工作，出现问题应及时进行整改，确保各类设备和信息的安全。机房巡检表应由路网中心管理人员统一管理。

144. 各级路网中心主要设备故障处理流程有哪些？

设备故障处理流程一般为：使用单位或人员发现故障后，提交故障单→运维人员收单后进行故障处理→故障处理完毕后，使用单位或人员确认故障修复后，填写故障处理确认单。

运维人员对设备故障处理流程一般为：收到故障单后，检查设备故障现象——分析故障原因——提出故障解决办法，如能够自行处理的故障，则自行处理；如不能自行处理，通知厂家运维人员到场或远程联网处理；如需要返厂维修，则将设备返厂维修——设备故障处理后，进行复查——复查无误后，恢复系统——填写故障处理单，并与故障发现人进行确认。

145. 运维管理信息系统需要具备哪些功能？

运维管理信息系统需要具备的功能有：

（1）运维导航：通过站点导航，定位各个机房，实施查看到机房内的资料和业务管理情况等。

（2）运维规范：提供更新、添加功能，实现运维管理规范快速查阅。

（3）设备管理：信息化管理设备资料。

（4）值班信息：制作电子台账对机房日志资料进行管理，包括值班记录和基础数据。

（5）故障处理：实现设备故障发现、故障申告、故障维修、维修回访等故障处理信息记录。

146. 运维管理信息系统应该具有哪几个层次？

运维管理信息系统应包括以下三个层次：展示层、流程及业务运维管理层、集中监控层。

（1）展示层：提供对用户的IT运维管理界面与对技术人员的体系管理控制界面，在运维管理界面上实现集中运维的统一管理功能和信息展示与交互。

（2）流程及业务运维管理层：在集中运维管理模式下实现流程执行和管理控制功能、业务运维管理功能。

（3）集中监控层：通过监控工具实现对不同服务对象和IT资源的实时监控，包括主机、数据库、中间件、存储备份、网络、安全、机房、业务应用和客户端等技术支撑管理子系统，并通过集中监控管理平台对不同被管对象的技术支撑管理子系统进行综合处理和集中管理。

第 3 篇　业务应用篇

本篇立足于路网运行监测与应急处置平台的应用，依次介绍了平台在路网运行监测、应急处置管理以及公众出行服务等方面发挥的重要作用。本篇共分为3个章，其中第七章为运行监测分析，介绍了如何对路网运行监测采集的数据进行分析；第八章为应急处置管理，介绍了应急管理必备基础知识以及应急工作的程序；第九章为出行信息服务，介绍了为公众提供的出行信息服务的内容及方式。

第七章 运行监测分析

147. 公路网运行监测分析应包括哪些内容？

公路网运行监测分析应包括公路网基础设施运行状况分析、公路网交通运行状况分析、公路网运行状况综合评价。其中：

（1）公路网基础设施运行状况分析包括公路网基础设施基本情况、公路网技术状况检测分析、重点桥隧检测分析、公路网主要监测病害分析、公路网灾害损失情况分析。

（2）公路网交通运行状况分析包括公路网交通流量分析、公路网拥挤程度分析、公路网阻断事件分析。

（3）公路网运行状况综合评价包括公路网运行状况评价、区域路网运行状况评价、主要运输通道运行状况评价、重要路段运行状况评价、重点城市公路出入口运行状况评价。

148. 如何对公路网运行监测数据进行分析？有哪些步骤？

根据公路网运行状态监测与服务指标的分级和种类，确定提取处理与评价分析的系统的构成，主要包括初级计算、数据汇总、提取计算、指标生成、评价模型及分析结果等模块（图7.1）。其中：

（1）初级计算主要解决数据原始采集后初次加工计算与处理，生成可量化、可融合的计算结果，即原始指标数据。

（2）数据汇总主要实现经初级计算后的指标数据，按照分类、需求的不同进行分别汇总，形成原始指标数据集。

（3）提取计算主要解决面向不同公路网运行监测核心指标，提取原始指标数据集进行深度计算，并综合数据准确度、时效性要求，生成公路网运行监测核心指标的数据结果。

（4）指标生成主要实现对经提取计算的核心指标数据结果，进行分级、分类处理，形成定义路网（可为全国干线公路网，也可为特定区域或省域干线公路网）范围内的监测与服务指标集。

（5）评价模型主要建立针对提取计算获取的核心指标数据结果和指标等级结果，进行评价处理，按照各级公路网运行监测与服务的需求，形成可量化、可解读的路网运行指标的评价模型。

（6）分析结果主要实现利用评价模型与指标生成结果，对路网运行指标进行量化评价，得出定义路网的综合运行指标等级结果。

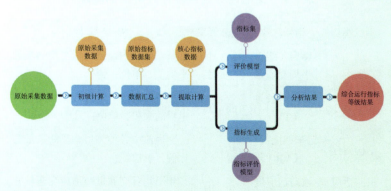

图7.1　公路网运行监测数据分析流程

149. 交通情况调查需要采集哪些数据指标？

交通情况调查需要采集的指标有：机动车车型分类数据、流量数据、地点车速数据、车头时距数据、车头间距数据、时间占有率数据。

150. 交通情况调查统计分析指标体系有哪些？

交通情况调查统计分析指标体系，即公路网交通运行情况统计分析指标体系，由流量、结构、道路适应程度、交通量方向分布、交通量时间分布、道路运行质量等六类、共计十三个指标构成。其中，流量、结构、道路适应程度、交通量方向分布、交通量时间分布指标为反映路网整体交通情况的宏观指标，在应用上侧重于决策管理、行业管理、科研设计等方面；道路运行质量指标为反映路网实时运行质量的微观指标，在应用上侧重于政府交通主管部门的应急处置、行业管理及出行服务。上述统计分析指标均为计算指标。具体统计分析指标如表7.1所示。

表7.1 交通情况调查统计分析指标体系

指标类别	指标名称	更新频率	指标解释
流量指标	路段（线）平均交通量	年，月，实时	某一时段内路段（线）交通量的平均值，单位：辆
	路线行驶量（TV）	年，月	单位时间内平均交通量与其行驶里程的乘积，单位：万车·公里
结构指标	车型比例（VR）	年，月	交通流中各种类型车辆间数量的比例，单位：%
道路适应程度指标	道路适应度（AL）	年，月	年平均日交通量与适应交通量的比值，单位：%

续上表

指标类别	指标名称	更新频率	指标解释
交通量方向分布指标	方向分布系数（KD）	年	主要方向交通量与双向交通量的比，单位：%
交通量时间分布指标	12h、16h交通量系数（RD12、RD16）	年	12h（7时~19时）或16h（6时~22时）交通量与全天24h交通量的比值，单位：%
	月不均匀系数（KM）	年	年平均日交通量与月平均日交通量的比值，单位：%
	周日不均匀系数（KW）	年	年平均日交通量与某周日平均交通量的比值，单位：%
道路运行质量指标	三级以上服务水平比重（ER）	年，月	报告期内昼间（6时~22时）达到一、二、三级服务水平的小时数与昼间（6时~22时）总小时数的比值，单位：%
	道路运行质量指数（QE）	实时	将道路当前运行质量定义为畅通、基本畅通、拥挤、堵塞四级指数，分别对应于一、二、三、四级服务水平
	平均行驶时间	实时	各车辆通过观测路段所用时间平均值，单位：分钟
	平均行驶车速	实时	路段长度与各车辆通过观测路段所用时间平均值的比值，单位：公里/小时

151. 公路网运行状态监测与服务指标有哪些？

公路网运行状态监测与服务指标指用于描述全国干线公路网、区域（省域）干线公路网等定义路网运行状态与服务的指标。主要分为单项指标和综合指标两大类，其中：

（1）单项指标主要有7个，包括中断率、拥挤度、环境指数、节点通阻度、突发事件等级、设施健康状况、服务区质量等级。其中，中断率、拥挤度、环境指数、节点通阻度等4个单项指标分别包括路段、通道和路网等3个层面的指标。

（2）综合指标有2个，包括通道运行指数和公路网运行指数。

152. 什么是中断率指标？

中断率描述路网中路段的中断情况，包括路段中断状态、通道中断状态和路网中断率三个指标。其中，路段中断状态描述某一路段处于连通还是中断状态；通道中断状态描述某一跨省重要通道整体处于连通还是中断状态；路网中断率用路网中处于中断状态的路段里程占该路网中路段总里程的百分比来表示。

通道中断状态及路网中断率都是以路段中断状态为基础进行计算统计。通道中断状态主要用于通道运行指数的评价；路网中断率主要用于公路网运行指数的评价。

153. 什么是拥挤度指标？

拥挤度描述路网中交通流的拥挤程度，包括路段拥挤度、通道拥挤度和路网拥挤度三个指标。其中：

（1）路段拥挤度描述路段上交通流的拥挤程度，根据路段不同断面时间平均速度的均值（有条件地区可用路段平均行程车速）和断面交通量数据进行综合分析，并分为不同等级。路段不同断面时间平均速度的均值（或路段平均行程车速）越高，表示拥挤程度越低。

（2）通道拥挤度描述跨省重要通道的整体拥挤程度，根据通道中各路段不同断面时间平均速度的均值（有条件地区可用路段平均行程车速）进行综合分析，并分为不同等级。

（3）路网拥挤度用路网中处于拥挤和堵塞状态的路段总里程占路网总里程的百分比来表示。

154. 公路的拥挤度分几个级别？在地图上通常用什么颜色表示？

公路的拥挤度通常分为五个等级，包括畅通、基本畅通、轻度拥堵、中等拥堵、严重拥堵。在地图上分别采用五种颜色标注上述拥堵状态，其中畅通采用绿色、基本畅通采用蓝色、轻度拥堵采用黄色、中度拥堵采用橙色、严重拥堵采用红色。

155. 什么是环境指数指标？

环境指数描述特定交通组成（车辆类别）和气象条件下的行车影响程度，包括路段交通组成特征指数、路段气象环境特征指数、通道环境指数和路网环境指数四个指标。

路段交通组成特征指数描述路段车辆类别（大/小）分布特征，根据路段监测的大车比例进行分析。路段气象环境特征指数根据路段监测的气象环境参数（包括能见度和路面状况）进行综合分析和测算。通道环境指数根据通道中路段交通组成特征指数和路段气象环境特征指数综合分析和测算。路网环境指数根据路网中路段交通组成特征指数和路段气象环境特征指数综合分析和测算。

156. 气象环境特征指数的判定方法是什么?

路段气象环境特征指数等级判定方法,如表7.2所示。

表7.2　路段气象环境特征指数等级判定方法

气象环境特征指数　　　能见度　　　路面状况	≥500m	[100m, 500m)	<100m
干燥	好	中	差
潮湿	中	中	差
冰雪	差	差	差

157. 什么是通阻度指标?

节点通阻度描述重要公路节点处于拥堵或畅通两种状态,包括单个节点通阻度、通道节点通阻度和路网节点通阻度三个指标。其中,单个节点通阻度根据公路节点的排队长度是否超过一定限值进行分析,超过限值为拥堵状态,未超过限值为畅通状态;通道节点通阻度采用跨省重要通道中处于拥堵状态的公路节点数量占通道中公路节点总数量的百分比来表示;路网节点通阻度采用路网中处于拥堵状态的公路节点数量占公路节点总数量的百分比来表示。

通道节点通阻度及路网节点通阻度都是以单个节点通阻度为基础计算统计。通道节点通阻度主要用于通道运行指数的评价;路网节点通阻度主要用于公路网运行指数的评价。

158. 突发事件等级指标如何来评价？

公路交通突发事件等级采用《公路交通突发事件应急预案》中突发事件的预警和响应级别进行表征，分为Ⅰ级（特别严重）、Ⅱ级（严重）、Ⅲ级（较重）、Ⅳ级（一般）四个级别。

159. 桥梁、隧道等设施健康状况指标如何评价？

设施健康状况描述桥梁、隧道等重要公路基础设施的健康状况。

对于已经建立健康监测系统或安全预警系统的桥梁、隧道等重要公路基础设施，根据其健康监测系统的相关监测数据及综合评价结果动态确定实时的设施健康状况等级。

对于尚未建立健康监测系统或安全预警系统的桥梁、长大隧道等重要公路基础设施，依据《公路桥梁技术状况评定标准》（JTG/T H21—2011）评定的桥梁技术状况等级和依据《公路隧道养护技术规范》（JTG H12—2015）得到的判定结果确定一定时期内的设施健康状况等级。通常，设施健康状况分为好、中、差三个等级。评价标准为：技术评定为1类或2类的桥梁健康状况等级为好，技术评定为3类的桥梁健康状况等级为中，技术评定为4类或5类的桥梁健康状况等级为差；技术评定为1类、2类的隧道健康状况等级为好，技术评定为3类的隧道健康状况等级为中，技术评定为4类、5类的隧道健康状况等级为差。

160. 服务区质量等级指标如何评价？

服务区质量等级评价依据相关行业标准。服务区质量等级评价因素包括服务区停车场、加油站、餐厅、超市、客房、厕所、休闲设施、绿化美化、交通引导的结构、布局、环境、卫生、安全、消防、综合治理等。服务区质量等级分为五级，用星级表示，即：一星级、二星级、三星级、四星级、五星级。星级数量越多表示服务区质量等级越高。

161. 通道运行指数指标如何计算？

通道运行指数描述跨省重要通道的整体运行状况，采用通道中断率、通道拥挤度、通道环境指数、通道节点通阻度、突发事件等级、设施健康状况和服务区质量等级等7个单项指标的综合评估结果进行表征。其中，设施健康状况和服务区质量等级作为可选参数，一般不作为表征通道运行指数的参数。

通道运行指数测算中，各单项指标权重分配如表7.3所示。

表7.3 通道运行指数测算权重表

单项指标	通道中断状态（A_c）	通道拥挤度（F_c）	通道环境指数（R_c）	节点通阻度（D_c）	突发事件（I）	设施健康状况（H）	服务区质量等级（S）
权重	0.20~0.30	0.15~0.25	0.15~0.20	0.15~0.25	0.20~0.30	≤0.05	≤0.05

162. 通道运行指数划分为哪几个等级？

通道运行指数划分为五个等级，各等级的定性描述如表7.4所示。

表7.4 通道运行指数等级划分

通道运行指数等级	定性描述
1级	通道畅通，出行效率、安全性和可靠性很高
2级	通道局部结点拥堵或阻断，出行效率、安全性和可靠性较高
3级	通道局部路段拥堵或阻断，出行效率、安全性和可靠性较高
4级	通道大范围拥堵或阻断，出行效率、安全性和可靠性较低
5级	通道大范围长时间拥堵或阻断，出行效率、安全性和可靠性很低

163. 路网综合运行指数指标如何评价？

路网综合运行指数描述路网整体运行状况，采用路网中断率、路网拥挤度、路网环境指数、路网节点通阻度、突发事件等级、设施健康状况和服务区质量等级7个单项指标的综合评估结果进行表征。其中，设施健康状况和服务区质量等级作为可选参数，一般不作为表征通道运行指数的参数。

路网综合运行指数测算中，各单项指标权重分配如表7.5所示。

表7.5 路网综合运行指数测算权重表

单项指标	路网中断状态（A_N）	通道拥挤度（F_N）	通道环境指数（R_N）	节点通阻度（D_N）	突发事件（I）	设施健康状况（H）	服务区质量等级（S）
权重	0.20~0.25	0.15~0.20	0.15~0.20	0.15~0.25	0.20~0.30	≤0.05	≤0.05

164. 路网综合运行指数划分为哪几个等级？通常用哪几种颜色表示？

路网综合运行指数划分为五个等级，各等级的定性描述如表7.6所示。

表7.6 路网综合运行指数等级划分

路网综合运行指数等级		定 性 描 述
1级	绿色	全网畅通，出行效率、安全性和可靠性很高
2级	蓝色	局部结点拥堵或阻断，出行效率、安全性和可靠性较高
3级	黄色	局部路段拥堵或阻断，出行效率、安全性和可靠性较高
4级	橙色	路网大范围拥堵或阻断，出行效率、安全性和可靠性较低
5级	红色	路网大范围长时间拥堵或阻断，出行效率、安全性和可靠性很低

165. 运行监测分析中公路网基础设施基本情况分析可包括哪些内容？

公路网基础设施基本情况的分析应包括公路、桥梁、隧道的基本情况，应包括内容如下：

（1）公路总里程、公路密度等；公路按行政等级划分情况；公路按技术等级划分情况；公路按路面类型划分情况；公路按其他要求划分情况。可引入与历年公路数据的对比，也可按下辖行政区划分析。

（2）桥梁总座数、总延米数等；桥梁按所在路线行政等级划分情况；桥梁按多孔跨径总长和跨径长度划分情况；桥梁按技术状况等级划分情况。可引入与历年桥梁数据的对比，也可按下辖行政区划分析。

（3）隧道总道数、总长度数等；隧道按所在路线行政等级划分情况；隧道按总长度划分情况；隧道按技术状况等级划分情况。可引入与历年隧道数据的对比，也可按下辖行政区划分析。

公路网其他基础设施或构造物也可作为分析内容。

166. 运行监测分析中公路网技术状况检测分析包括哪些内容？

公路网技术状况监测分析包括路网技术状况检测结果、公路网技术状况特征分析。其中：

（1）路网技术状况检测结果可按路面类型进行比较，分析路面综合使用性能指数（PQI）、路面破损率（DR）、路面平整度（IRI）、路面损坏状况指数（PCI）、路面行驶质量指数（RQI）。也可同时按行政区划进行横向比较。

（2）公路网技术状况特征分析可根据路网技术状况检测结果得出特征分析结论。可与历年数据进行比较。

167. 运行监测分析中重点桥隧监测分析包括哪些内容？

重点桥隧监测分析需分别介绍桥梁和隧道的监测情况，包括桥隧技术状况监测结果和桥隧技术状况分析。其中：

（1）桥隧技术状况监测结果，主要是桥隧技术状况评定等级。可按行政区划进行横向比较。

（2）桥隧技术状况分析包括技术状况和管养特征的分析。可与历年数据进行比较。

168. 运行监测分析中公路网主要监测病害分析包括哪些方面？

公路网主要监测病害包括公路病害、桥梁病害、隧道病害等，需分别分析。可分析总结发生病害的原因，并与历年数据进行比较。

169. 运行监测分析中公路网灾害损失情况分析包括哪些方面？

可结合公路网运行监测及日常值守中上报并收集的公路灾害事件情况进行统计分析，可按灾害事件的类别、事件产生的范围、造成的损失影响等进行汇总。可与历年数据进行比较。

170. 运行监测分析中公路网交通情况分析哪些内容?

可按照公路行政等级,分别分析公路交通量、交通组成和分级交通量情况:

(1)交通量分析可根据交通调查设备的统计数据进行分析,可分析混合交通量和汽车交通量,并与历年数据对比。

(2)交通组成分析可结合交通情况调查设备所观测路段情况,分析交通组成情况,并与历年数据对比。

(3)分级交通量分析指的是路段交通量数据在某个范围区间内的天数所占一年总天数的比例情况。可与历年数据对比。

171. 运行监测中公路网拥挤程度分析包括哪些方面?

可根据拥挤度指标及拥挤度分级情况,分析辖区内公路网拥挤时空分布情况,并对区域路网拥堵情况进行拥挤程度分析。可与历年数据对比。

172. 运行监测中公路网阻断事件分析包括哪些方面?

可根据突发事件等级指标以及公路网运行监测及日常值守中上报并收集的公路突发事件(含灾害事件)情况进行阻断事件分析,包括阻断事件基本情况分析、阻断事件时间分布分析、阻断事件区域分布分析、阻断事件通道与路段分布分析以及阻断成因分析。可与历年数据比较。

173. 运行监测中公路网运行状况综合评价分析如何分析?

可结合公路网运行状态监测与服务指标分析进行公路网运行状况综合评价分析,并与历年数据比较。

第八章 应急处置管理

174. 路网运行监测中需要重点监测的公路交通突发（阻断）事件信息有哪些？

路网运行监测中需要重点监测的公路交通突发（阻断）事件有：

（1）重特大公路交通突发事件信息：

① 达到《公路交通突发事件应急预案》中突发事件的二级响应级别以上（含二级）的公路交通突发事件信息。

② 达到《交通运输突发事件信息报告和处理办法》中规定报送的重大及以上公路突发事件和险情信息。

③ 达到《公路交通阻断信息报送制度》中重大突发类的交通阻断信息，以及即使未引起长时间交通中断或阻塞，但造成重大人员伤亡、影响社会公共安全以及产生恶劣社会影响的局部重大突发事件，以及影响范围广、持续时间长，并造成省域或跨省域公路网内多条国省干线公路交通中断或阻塞的区域性重大阻断事件。

（2）公路交通阻断信息：

符合《公路交通阻断信息报送制度》规定的公路交通中断信息和阻塞信息，不含重大突发类信息，主要包括以下两类：

① 计划类：由于公路养护施工、改扩建施工、重大社会活动等计划性事件，引起的高速公路（含收费站

需要进行超过2小时的交通管制或封闭,以及国道、省道等干线公路需要进行超过5小时的交通管制或封闭的阻断信息。

②一般突发类:由于自然灾害(包括地质灾害、恶劣天气等)、事故灾难、公共卫生事件、社会安全事件,以及其他原因引发的突发性事件,引起的高速公路(含收费站)局部路段预计出现超过2小时的交通中断或阻塞,以及国道、省道等干线公路局部路段预计出现超过5小时的交通中断或阻塞的阻断信息。

175. 突发事件预警划分为哪几个级别?通常用哪几种颜色来表示?

根据突发事件发生时对公路交通的影响和需要的运输能力分为四级预警,分别为Ⅰ级预警(特别严重预警)、Ⅱ级预警(严重预警)、Ⅲ级预警(较重预警)、Ⅳ级预警(一般预警),分别用红色、橙色、黄色和蓝色来表示。

交通运输部负责Ⅰ级预警的启动和发布,省、市、县交通运输主管部门负责Ⅱ级、Ⅲ级和Ⅳ级预警的启动和发布。

各突发事件预警分级情形参照公路交通突发事件分级情形。Ⅰ级预警情形对应Ⅰ级突发事件情形;Ⅱ级预警情形对应Ⅱ级突发事件情形;Ⅲ级预警情形对应Ⅲ级突发事件情形;Ⅳ级预警情形对应Ⅳ级突发事件情形。

176. 突发事件的预警信息包括哪些内容?

突发事件的预警信息包括:

（1）气象监测、预测、预警信息。

（2）强地震（烈度5.0以上）监测信息。

（3）突发地质灾害监测、预测信息。

（4）洪水、堤防决口与库区垮坝信息。

（5）海啸灾害预测预警信息。

（6）重大突发公共卫生事件信息。

（7）环境污染事件影响信息。

（8）重大恶性交通事故影响信息。

（9）因市场商品短缺及物价大幅波动引发的紧急物资运输信息。

（10）公路损毁、中断、阻塞信息和重要客运枢纽旅客滞留信息。

（11）其他需要交通运输部门提供应急保障的紧急事件信息。

177. 气象预警主要包括哪些内容？

气象预警包括以下内容：

（1）每日24小时全国降水实况图及图示最严重区域降水、温度、湿度等监测天气要素平均值和最大值。

（2）72小时内短时天气预报（含图示），重大交通事件（包括黄金周、大型活动等常规及各类突发交通事件）天气中期趋势预报（含图示），气象灾害集中时期（汛期、冬季等）天气长期态势预报。

（3）各类气象灾害周期预警信息专报（包括主要气象灾害周期的天气类型、预计发生时间、预计持续时间、影响范围、预计强度等）和气象主管部门已发布的台风、暴雨、雪灾、大雾、道路积冰、沙尘暴预警信息。

178. 强地震预警主要包括哪些内容？

强地震预警监测信息主要包括：地震强度，震中位置，预计持续时间，已经和预计影响范围（含图示），预计受灾人口与直接经济损失数量，预计紧急救援物资运输途经公路线路，需交通运输主管部门配合的运力需求。

179. 突发地质灾害预警主要包括哪些内容？

突发地质灾害监测信息主要包括：突发地质灾害发生时间，发生地点，强度，预计持续时间，受影响道路名称与位置，受灾人口数量，疏散（转移）出发地、目的地、途经公路路线，需交通运输主管部门配合的运力需求。

突发地质灾害预测信息包括：突发地质灾害预报的等级，发生时间，发生地点，预计持续时间，预计影响范围。

180. 洪水、堤防决口与库区垮坝等预警主要包括哪些内容？

洪水预警信息主要包括的内容有：洪水的等级，发生流域，发生时间，洪峰高度和当前位置，泄洪区位置，已经和预计影响区域（含图示），预计受灾人口与直接经济损失数量，需疏散（转移）的人口数量、出发地、目的地、途经路线，需交通运输主管部门配合的运力需求。

堤防决口与库区垮坝预警信息主要包括：堤防决口与库区垮坝的发生时间，发生地点，已经和预计影响区域（含图示），预计受灾人口与直接经济损失数量，需疏散（转移）的人口数量、出发地、目的地、途经路线，需交通运输主管部门配合的运力需求。

181. 重大突发公共卫生事件预警主要包括哪些内容？

重大突发公共卫生事件预警主要包括的内容有：突发疾病的名称，发现时间，发现地点，传播渠道，当前死亡和感染人数，预计受影响人数，需隔离、疏散（转移）的人口数量，该疾病对公路交通运输的特殊处理要求，紧急卫生和救援物资运输途经公路线路，需交通运输主管部门配合的公路干线、枢纽交通管理手段和运力需求。

182. 环境污染事件预警主要包括哪些内容？

环境污染事件预警主要包括的内容有：危险化学品（含剧毒品）运输泄漏事件的危险品类型，泄漏原因，扩散形式，发生时间，发生地点，所在路段名称和位置，影响范围，影响人口数量和经济损失，预计清理恢复时间，应急救援车辆途经公路路线；因环境事件需疏散（转移）群众事件的原因、疏散（转移）人口数量、疏散（转移）时间、出发地、目的地、途经路线、需交通运输主管部门配合的运力需求。

183. 重大恶性交通事故预警主要包括哪些内容？

重大恶性交通事故预警主要包括的内容有：重大恶性交通事故的原因，发生时间，发生地点，已造成道路中断、阻塞情况，已造成道路设施直接损失情况，预计处理恢复时间。

184. 紧急物资运输预警主要包括哪些内容？

紧急物资运输预警主要包括的内容有：运输物资的种类，数量，来源地和目的地，途经路线，运载条件要求，运输时间要求等。

185. 公路损毁、中断、阻塞事件预警主要包括哪些内容？

公路损毁、中断、阻塞事件预警主要包括的内容有：公路损毁、中断、阻塞的原因，发生时间，起止位置和桩号，预计恢复时间，已造成道路基础设施直接损失，已滞留和积压的车辆数量和排队长度，已采取的应急管理措施，绕行路线等。

186. 重要客运枢纽旅客滞留事件预警主要包括哪些内容？

重要客运枢纽旅客滞留事件预警主要包括的内容有：重要客运枢纽车辆积压、旅客滞留的原因、发生时间，当前滞留人数和积压车辆数及其变化趋势，站内运力情况，应急运力储备与使用情况，已采取的应急管理措施等。

187. 突发事件预警启动程序是什么？

公路交通突发事件预警时，按如下程序启动预警：

（1）路网中心提出公路交通突发事件预警分级建议，并向同级交通运输主管部门建议预警状态启动。

（2）应急领导小组在2小时内决定是否启动该建议级别公路交通突发事件预警，如同意启动，则正式签发该级别预警启动文件,并向同级人民政府应急管理部门报告,交通运输主管部门各应急工作组进入待命状态。

(3)预警启动文件签发后1小时内,由路网中心向相关下级公路交通应急管理机构下发,并电话确认接收。

(4)根据情况需要,由应急领导小组决定此次预警是否需面向社会发布,如需要,在12小时内联系此次预警相关应急协作部门联合签发。

(5)已经联合签发的该级别预警文件由新闻宣传小组联系新闻媒体,面向社会公布。

(6)路网中心立即开展应急监测和预警信息专项报送工作,随时掌握并报告事态进展情况,形成突发事件动态日报制度,并根据应急领导小组要求增加预警报告频率。

(7)交通运输主管部门各应急工作组开展应急筹备工作,公路抢通组和运输保障组开展应急物资的征用准备。

(8)在预警过程中,如发现事态扩大,超过本级预警条件或本级交通运输主管部门处置能力,应及时上报上一级交通运输主管部门,建议提高预警等级。

188. 应急预案及相关数据的更新频率有什么要求?

应急预案及相关数据的更新频率的要求为:

(1)下列情况,各级公路交通突发事件应急预案应进行更新:

① 各级公路交通突发事件应急预案所依据的法律法规做出调整或修改,或国家出台新的应急管理相关法律法规;

② 原则上每两年组织修订、完善应急预案;

③ 根据日常应急演练和特别重大公路交通突发事件应急行动结束后取得的经验，对预案做出修改；

④ 因机构改革需要对应急管理机构进行调整。

（2）公路交通应急抢险保通和应急运输保障队伍及物资的数据资料应每年更新一次。

189. 系统如何启动预案并开展指挥调度？

路网平台应急处置与指挥系统可根据突发事件发生地点、事件性质、事件规模、事件级别等信息自动从应急预案库中筛选符合适合的预案，为开展现场处置或远程会商提供数据与决策支撑，并随时为各级路网平台提供突发事件统计数据、实时视频、应急资源调度情况等信息。根据应急流程，可以在系统中实现协调与指挥指令的接收、处理、分发与操作，指令的下达、反馈、跟踪及操作全过程应受到系统的监控。系统应具备跨区域、跨省域路网的大规模运行调度与指挥平台联动功能，可在统一的操作界面下完成指挥调度的功能。

190. 突发事件预警终止程序是什么？

预警降级或撤销情况下，交通运输主管部门应采取如下预警终止程序：

（1）路网中心根据预警监测追踪信息，确认预警涉及的公路交通突发事件已不满足已确定级别预警启动标准，需降级转化或撤销时，向应急领导小组提出该级别预警状态终止建议。

（2）应急领导小组在同意终止后，正式签发该级别预警终止文件，明确提出预警后续处理意见，并在24小时内向同级人民政府上报预警终止文件，交通运输主管部门各应急工作组自行撤销。

（3）如预警降级，路网中心负责在1小时内通知下一级预警涉及的地方交通运输主管部门，下一级地方交通运输主管部门在12小时内启动预警程序，并向路网中心报送已正式签发的降级后的预警启动文件。

（4）如预警直接撤销，路网中心负责在24小时内向预警启动文件中所列部门和单位发送预警终止文件。

（5）预警在所对应的应急响应启动后，预警终止时间与应急响应终止时间一致，不再单独启动预警终止程序。

191. 突发事件应急处置响应级别如何划分？各级交通运输主管部门如何响应？

交通运输部负责Ⅰ级应急响应的启动和实施，省级交通运输主管部门负责Ⅱ级应急响应的启动和实施，市级交通运输主管部门负责Ⅲ级应急响应的启动和实施，县级交通运输主管部门负责Ⅳ级应急响应的启动和实施。

特别重大事件（Ⅰ级）：对符合公路交通Ⅰ级预警条件的公路交通突发事件或由国务院下达的紧急物资运输等事件，由应急领导小组予以确认，启动并实施本级公路交通应急响应，同时报送国务院备案。

重大事件（Ⅱ级）：对符合公路交通Ⅱ级预警条件的公路交通突发事件或由交通运输部下达的紧急物资运输等事件，由省级交通运输主管部门在省级人民政府的领导下予以确认，启动并实施本级公路交通应急响应，同时报送交通运输部备案。

较大事件（Ⅲ级）：符合由省级交通运输主管部门确

定的公路交通运输Ⅲ级预警条件的公路交通突发事件，由市级交通运输主管部门在市级人民政府的领导下，启动并实施本级公路交通应急响应，同时报送省级交通运输主管部门备案。

一般事件（Ⅳ级）：符合由省级交通运输主管部门确定的公路交通运输Ⅳ级预警条件的公路交通突发事件，由县级交通运输主管部门在县级人民政府的领导下，启动并实施本级公路交通应急响应，同时报送市级交通运输主管部门备案。

192. 突发事件应急工作组通常需成立哪些工作小组？

应急工作组在应急领导小组决定启动公路交通突发事件预警状态和应急响应行动时自动成立，由交通运输主管部门内相关部门组建，在应急领导小组统一领导下具体承担应急处置工作。应急工作组分为综合协调小组、公路抢通小组、运输保障小组、通信保障小组、新闻宣传小组、后勤保障小组、恢复重建小组、总结评估小组。

综合协调小组、公路抢通小组、运输保障小组、通信保障小组、后勤保障小组在应急领导小组决定终止Ⅰ级公路交通突发事件预警状态和应急响应行动时自动解散；新闻宣传小组、恢复重建小组、总结评估小组在相关工作完成后，由应急领导小组宣布解散。

193. 突发事件应急响应启动程序是怎样的？

突发事件应急响应启动程序如下：

（1）路网中心提出公路交通突发事件应急响应分级

建议，并建议启动。

（2）应急领导小组在2小时内决定是否启动该建议级别应急响应。如同意启动，则正式签发该级别应急响应启动文件，报送本级人民政府，并于24小时内召集面向本级人民政府各相关部门、相关地方交通运输主管部门的电话或视频会议，由应急领导小组组长正式宣布启动该级别应急响应，并由新闻宣传小组负责向社会公布该级别应急响应文件。

（3）应急响应宣布后，应急领导小组根据需要成立现场工作组，赶赴现场指挥公路交通应急处置工作。

（4）应急响应宣布后，路网中心和各应急工作组立即启动24小时值班制，成立相关应急领导小组和应急工作组，开展应急工作。

194. 突发事件应急处置信息报告有什么要求？

应急事件所涉及的公路交通应急管理机构应当及时将事件处置进展情况及时上报上级交通运输主管部门，并按照"零报告"制度，形成每日情况简报；同时及时将进展信息汇总形成每日公路交通突发事件情况简报，上报本级应急领导小组，并通报各应急工作组。

> **知识延伸**："零报告"制度，就是从初次上报报表到本次上报报表之间的时段内，即使没有出现新情况，也要将报表填上"0"上报的制度。在此，延伸为即使没有出现情况，也要上报每日情况简报。

195. 突发事件应急处置信息报告包括哪些要素？

突发事件应急处置信息报告包括的要素有：

（1）事件发生的时间、地点、程度及信息来源。

（2）事件起因、性质、基本过程、已造成的后果以及影响范围和事件发展趋势。

（3）已采取的措施、存在的隐患、请求帮助解决的问题和下一步的工作计划。

（4）信息报送单位、联系人和联系电话等。

196. 应急处置中要建立哪些指挥协调机制？

应急处置中要建立以下几方面的指挥协调机制：

1）上下级路网协调与指挥机制

当发生公路交通突发事件时，按照公路交通突发事件分级响应原则，上一级公路交通应急管理机构和事发地公路交通应急管理机构均进入24小时应急值班状态，确保上下两级日常应急管理机构的信息畅通。

上一级公路交通应急管理机构协调所辖下一级公路交通应急管理机构，科学实施跨区域公路网绕行分流措施，同时及时发布路况信息。

2）部门间协调机制

当发生公路交通突发事件时，公路交通应急管理机构与公安交警的联合调度指挥，实现路警"联合指挥、联合巡逻、联合执法、联合施救"。

3）现场指挥协调机制

公路交通突发事件应急处置过程现场工作组负责指

导、协调现场的应急处置工作，并及时收集、掌握相关信息，根据应急物资的特性及其分布、受灾地点、区域路网结构及其损坏程度、天气条件等，优化措施，研究备选方案，及时上报最新事态和运输保障情况。

197. 应急处置过程中应急资源不足的情况下对调度有什么要求？

（1）当公路交通应急管理机构管理的应急物资储备在数量、种类及时间、地理条件等受限制的情况下，需要调上一级公路交通应急物资储备时，由使用地本级公路交通应急管理机构提出申请，经应急领导小组同意，由上一级公路交通应急管理机构下达上一级公路交通应急物资调用指令，应急物资储备管理单位接到调拨通知后，应在48小时内完成储备物资发运工作。

（2）可与相邻区域建立跨区域应急资源互助机制，合理、充分利用各相邻区域应急物资储备和应急处置力量，以就近原则，统筹协调各地方应急力量支援行动。

198. 突发事件超出事发地交通运输管理部门处置能力时应采取什么措施？

突发事件超出事发地交通运输管理部门处置能力时应采取以下措施：

（1）根据应急处置需要向上级交通运输管理部门请求启动更高级别的应急响应。

（2）请求上级交通运输主管部门协调突发事件发生地周边交通运输管理部门给予应急处置支持。

（3）请求上级交通运输管理部门派出现场工作组和

专家、有关技术人员对应急处置给予指导。

（4）请求上级交通运输管理部门在资金、物资、设备设施、应急队伍等方面按照有关政策规定给予支持。

（5）按照已经建立的协作机制，协调有关部门参与应急处置。

199. 突发事件应急响应终止程序是怎样的？

应急响应终止时，采取如下终止程序：

（1）公路交通应急管理机构根据掌握的事件信息，确认公路交通恢复正常运行，公路交通突发事件平息，向应急领导小组提出应急响应状态终止建议。

（2）应急领导小组决定是否终止应急响应状态，如同意终止，签发应急响应终止文件，提出应急响应终止后续处理意见，并在24小时内向同级人民政府及相关部门报送。

（3）新闻宣传小组负责向社会宣布应急响应结束，说明已经采取的措施和效果以及应急响应终止后将采取的各项措施。

200. 应急处置结束后还要做好哪些工作？

应急处置结束后，还要做好善后处置、调查与评估、补偿和恢复重建等工作。其中：

（1）善后处置主要包括抚恤和补助、救援救助、奖励等。

（2）调查与评估主要是交通应急管理机构按照要求上报总结评估材料，包括突发事件情况、采取的应急处置措施、取得的成效、存在的主要问题、建议等。

（3）补偿主要包括公路交通应急物资储备的补偿和征用补偿。

（4）恢复重建工作按照应急事件响应级别由响应的交通运输主管部门负责。

201. 应急处置管理新闻发布与宣传有什么要求？

应急处置管理新闻发布与宣传的要求有：

（1）公路交通突发事件的新闻发布与宣传工作由新闻宣传小组负责，承担新闻发布的具体工作，并按要求及时上报上级公路交通应急管理机构备案。

（2）新闻宣传小组负责组织发布公路交通突发事件新闻通稿、预案启动公告、预警启动与应急响应启动公告、预警终止与应急响应终止公告，传递事态进展的最新信息，解释说明与突发事件有关的问题，澄清和回应与突发事件有关的错误报道，宣传公路交通应急管理工作动态，组织召开突发事件相关各单位、部门参加的联席新闻发布会。

（3）新闻发布主要媒体形式包括电视、报纸、广播、网站等。新闻发布主要方式包括新闻发布会、新闻通气会、记者招待会、接受多家媒体的共同采访或独家媒体专访、发布新闻通稿。

（4）公路交通突发事件相关新闻发布材料包括新闻发布词、新闻通稿、答问参考和其他发布材料，由其他应急工作小组及时提供相关材料，新闻宣传小组汇总审核。公路交通突发事件相关新闻发布材料须经应急领导小组审定。

（5）涉外突发事件由交通运输主管部门商涉外部

门，统一组织宣传和报道。

（6）同相关部门建立多部门重大信息联合发布机制，并以会议纪要或者其他规范性文件的形式予以规定。

202. 突发事件应急保障主要包括哪些内容？

公路交通突发事件应急保障主要包括应急队伍保障、物资设备保障、通信与信息保障、技术保障。其中：

（1）应急队伍保障方面，应急队伍主要有应急抢险保通队伍、应急运输保障队伍等，要动员社会力量参与。在公路交通自有应急力量不能满足应急处置需求时，可向同级人民政府提出请求，请求动员社会力量，协调人民解放军、武警部队参与应急处置工作。注意采取必要的安全措施。

（2）物资设备保障主要包括国家公路交通应急物资储备和地方公路交通应急物资储备，按照应急物资管理制度建设管理。

（3）通信与信息保障，要整合现有交通通信信息资源，建立和完善"统一管理、多网联动、快速响应、处理有效"的公路交通应急平台体系。

（4）技术支撑，主要包括：依托科研机构，加强应对公路交通突发事件技术支撑体系研究，建立突发事件管理技术的开发体系和储备机制；制订研发计划，借鉴国际先进经验，重点加强智能化的应急指挥通信技术装备、辅助决策技术装备、特种应急抢险技术装备的研制工作；开展预警、分析、评估模型研究，提高防范和处置重大公路交通突发事件的决策水平；建立包括专家咨询、知识储备、应急预案、应急资源等数据库。

203. 突发事件应急物资主要包括哪些?

应急物资包括公路抢通物资和救援物资两类:

(1)公路抢通物资主要包括沥青、碎石、砂石、水泥、钢桥、钢板、木材、编织袋、融雪剂、防滑料、吸油材料等。

(2)救援物资包括方便食品、饮水、防护衣物及装备、医药、照明、帐篷、燃料、安全标志、车辆防护器材及常用维修工具、应急救援车辆等。

可采取社会租赁和购置相结合的方式,储备一定数量的机械,如挖掘机、装载机、平地机、撒布机、汽车起重机、清雪车、平板拖车、运油车、发电机和大功率移动式水泵等。

204. 在日常应急管理中需重点做好哪几个方面工作?

在日常应急管理中需重点做好以下方面的工作:

(1)制定应急体系发展规划。
(2)建立并完善应急组织机构。
(3)制定并完善各类应急预案,并予以实施。
(4)做好应急物资的储备工作。
(5)建设和完善应急队伍。
(6)做好现有危险源、风险点等的日常监测。
(7)做好信息管理、报送、发布及宣传。
(8)做好应急培训和演练。
(9)突发事件结束后要做好应急处置评估。
(10)加强专项资金和经费的使用并监督。

205. 应急信息发布需具备哪些功能？

路网平台应急处置与指挥系统的应急信息发布，主要指需具备媒体预留发布信息传输功能并提供现场直播的网络与办公功能，在发生重特大公路突发事件时能够进行应急信息的发布功能。同时，路网平台还应具备对包括可变情报板、公路出行服务网站、交通服务热线、广播电视、移动终端（车载终端）、手机短信、微信公众号、官方微博等多种设施发布同步信息指令的功能。

第九章　出行信息服务

206. 哪些公路基础数据信息应当向公众发布？发布时效性有什么要求？

向公众发布公路基础数据信息的目的是方便出行者熟悉出行线路的几何结构和出行环境，保证出行的顺畅和提供便利的公路条件信息。具体内容有：公路基础数据包含公路的路线名称、路线编号、位置、路线示意图、公路等级、车道数、衔接公路名称等；特殊构造物信息、复杂互通立交的位置、互通立交桥区的车辆行驶路线示意图；各级公路上出入口、桥梁、隧道位置信息等。

公路基础数据信息的发布时效：原则上1年至少需要更新一次。

207. 哪些服务设施信息应当向公众发布？发布时效性有什么要求？

服务设施信息内容是向驾驶员提供的服务设施地址、服务内容、辅助支持等。具体内容包括：

（1）收费站信息。主要提供收费站收费方式、收费标准、车型划分标准等信息。

（2）服务区信息。提供到达服务区的行驶里程、大概行程时间，服务区排队长度，提供的服务内容以及相应的收费标准等。

（3）停车场信息。沿线停车场营业时间和收费情况，到达停车场路线信息等。

（4）辅助服务信息。包括提供沿线加油站的燃油种类、收费标准等；车辆维修站、检测站的等级、规模、经营项目、主修车型和联系电话等；住宿餐饮价格、预定和联系电话等；旅游景点介绍、价格和联系电话等。

服务设施信息的发布时效：原则上1年至少需要更新一次。

208. 哪些出行规划信息应当向公众发布？发布时效性有什么要求？

根据出行者具体出行要求，向出行者提供出行方式、出行路径信息等。

（1）可选出行方式。提供从出发地到目的地可以采用的出行方式，如公共交通、全程自驾小汽车、自驾与其他交通方式相结合等。

（2）可选出行路径。提供两点或多点之间的较优路径（基于时间、距离、自费较优或综合较优等因素）及备选路径方案信息。出行规划信息的发布时效为不定期，根据实际需要进行发布。

209. 哪些交通运行状态信息应当向公众发布？发布时效性有什么要求？

交通运行状态信息包括交通流、交通阻断和拥堵等信息，为驾驶员选择合适的出行路线提供支持。具体内容包括：

（1）交通流信息。提供路网实时交通流数据，包括交通量、速度等；提供路网交通流量、行程时间等预测信息。

（2）交通阻断和拥堵信息。交通阻断或拥堵的路线名称、具体位置、具体原因、排队情况、行车速度等，以及现场图片等。

交通运行状态信息的发布时效：原则上5分钟至少更新一次。

210. 公路突发事件中哪些信息应当向公众发布？发布时效性有什么要求？

提供有关公路突发事件的各类信息，为安全出行提供服务支持。

（1）突发事件信息突发事件信息主要包括：事件原因、影响路段、公路受损及通行影响情况等。

（2）突发事件处置信息向出行者提供突发事件处理情况、交通管制措施以及预计恢复时间等信息，为驾驶员选择合理绕行路线提供支持。

公路突发事件的发布时效：原则上5分钟至少更新一次。

211. 公路日常的施工养护中有哪些信息应当向公众发布？发布时效性有什么要求？

提供公路施工养护相关信息，为出行者提供出行参考。

（1）公路施工养护信息。近期计划实施施工养护路段的路线编号、路线名称、施工路段起止点、预计工期，以及交通组织措施、安全措施等。

（2）通行限制或封闭信息。提供因施工养护采取交通管制路段的限行或封闭信息，包括限行原因、限行时间、限制行车速度、限制通行车种、安全车距信息等信息。

公路施工养护信息的发布时效：原则上1天至少更新一次。

212. 哪些公路环境信息应当向公众发布？发布时效性有什么要求？

提供包括公路气象、行车环境等信息，为安全出行提供服务支持。

（1）实时公路气象信息。沿途实时的温度、湿度、风速、冰、雪、雨、雾等天气状况信息；

（2）公路气象预报信息。提供未来一段时间出行区域的公路气象预报信息；

（3）公路气象预警信息。提供未来一段时间受恶劣天气影响路段的预警信息。

公路环境信息的发布时效：原则上1天至少更新一次。

213. 哪些应急救援信息应当向公众发布？发布时效性有什么要求？

提供公路应急救援相关机构的信息，如事故处理、路政管理、拖车服务、车辆救援、医疗急救、消防等机构的联系方式、业务范围、服务方式、具体地点及所在地区等信息；提供应急自救知识信息，提高出行者应急自救的能力。

应急救援信息的发布时效：有信息变化的时候需要更新。

214. 哪些交通政务及辅助信息应当向公众发布？发布时效性有什么要求？

提供公路交通法律法规、公路交通行业政策信息等交通政务及辅助信息。

交通政务及辅助信息的发布时效：有信息变化的时候需要更新。

215. 公路出行信息服务的发布方式有哪些？

公路交通出行信息的发布，可通过公路沿线信息发布设施、公路出行服务网站、交通服务热线、广播电视、移动终端（车载终端）、手机短信、微信公众号、官方微博等多种方式实现。

216. 可变情报板主要向公众提供哪些信息？

可变情报板主要向公众提供以下信息：

（1）依据交通信息的信息属性，分为动态信息、静态信息两种类型。其中，动态信息包括实时交通状态信息、交通事故、突发事件、交通管控、交通气象信息等；静态信息包括施工占道、交通宣传、交通违法信息、公告公示等。

（2）依据交通信息的发布形式，分为文字信息、图形信息、图像信息三种类型，宜通过图形信息（地图板式）进行发布。

（3）依据交通信息的发布内容，分为交通运行状态信息、公路突发事件信息、公告信息、宣传信息等四种类型。其中公路突发事件信息包括交通事故、交通管制、公路施工、恶劣气象等信息。

可变情报板不应发布与公路出行信息服务无关的信息。

217. 公路出行服务网站主要为公众提供哪些信息?

公路出行服务网站应具有强大的信息查询功能,各类用户可随时进行公路出行信息查询。网站应提供图形化界面展示公路出入口、收费站、服务区等位置信息,以及实时交通运行状态、气象预报预警信息等即时信息,以便出行者快速、全面、直观地掌握所需出行信息,方便选择出行方式和安排出行计划。

218. 交通服务热线主要服务内容有哪些?

目前,我国的交通服务热线统一为12328,其主要功能包括交通运输行业的服务监督、投诉举报、咨询服务等,业务领域覆盖道路运输、公路、水路等行业。

219. 广播电视服务内容主要有哪些?

可以与各级广播电视管理部门建立合作机制,通过发布新闻通稿、定期连线或现场采访的方式发布公路出行信息。在发生重大公路突发事件时,应积极通过广播、电视及时发布事件进展情况,正确引导公路交通运行。

220. 移动终端(车载终端)主要服务内容有哪些?

将公路出行信息发布到移动终端(车载终端)设备上,利用车载/移动终端图文模式展示动静态出行信息,提供路径规划、实时交通运行状态、维修救援、公路气象等服务信息（图9.1）。

图9.1　移动终端APP软件界面

221. 手机短信主要服务内容有哪些？

通过与电信运营商、短信运营商的合作，向社会公众提供公路出行信息手机短信服务，采取短信定制、小区短信等服务模式，将不同类别的公路出行信息提供给出行者。

222. 微信订阅号能提供哪些服务？

微信订阅号是建立在腾讯微信平台上的一个功能，普通用户可以通过微信应用，像订阅报纸一样，关注微信订阅号可每日获得微信订阅号推送的路况信息、公路行业的重要活动及新闻（图9.2）。系统可以为用户提供公路事件上报、公路运行情况查询、公路基础信息查询（路线、隧道、桥梁）等功能，为公众出行提供服务。

图9.2　微信订阅号界面

223. 官方微博能提供哪些信息？

官方微博是公众出行服务的一个补充，可通过官方微博向社会公众提供公众出行服务信息，也可以作为公路宣传的窗口。

附 录

江西省普通干线路网运行监测与应急处置平台项目建设概况

为加强江西省普通公路行业管理，提升公路网应急处置能力，满足公众公路出行服务需要，按照交通运输部《"十二五"公路养护管理发展纲要》《全国公路网管理与应急处置平台建设指导意见》等文件精神，江西省公路管理局受江西省交通运输厅委托，在全省建设江西省普通干线路网运行监测与应急处置平台项目（以下简称"全省路网平台项目"）。该项目的建成并已投入使用，在江西公路行业管理与社会服务中逐步发挥重要作用。

项目建设基本情况

围绕路网运行监测、公路应急管理、公众出行服务三大核心功能，自2012年底，江西省公路管理局在江西南昌启动"5+1"全省路网平台项目建设试点，共建设5个固定路网监测点、改造1辆路政车作为移动监测点。在总结试点经验及成果的基础上，2013年9月，江西省公路管理局在全省全面启动全省路网平台项目建设，重点建设1个省级路网管理中心、11个市级路网管理中心、143个固定路网监测点以及131个移动监测点（附图1），并建设软硬件支撑系统。2015年8月，项目正式投入运行使用。

附图1　江西省普通干线路网运行监测点示意图

为确保全省路网平台项目建设取得预期成果,结合江西省公路管理实际,全省路网平台项目采用"统一规划、省市共建、以市为主"的建设和运营管理模式,坚持"统一规划设计、统一技术标准、统一交(竣)工验收"的工作思路,高标准设计、高质量建设、高效率推进,努力打造一流的普通公路路网运行监测与应急处置精品示范工程。

江西省公路管理局以全省路网平台项目建设为契机,重新规划设计全省公路行业信息化体系结构,提出了"实时监测、服务业务,信息发布、服务公众,协同办公、资源共享,全面分析、科学决策,标准引领、综合应用"的项目建设目标。统筹运维管理,建立上下联动的省、市两级路网运行监测与应急管理体系；统一标准规范，建设全省公路信息化资源整合与信息共享体系；提供技术支撑，建立全省公路数据资源管理中心；注重业务协同，建立跨层级跨业务的公路综合管理平台；发布出行信息，建设多元化公众出行服务体系，全面提升江西省公路行业信息化水平。

项目建设管理情况

全省路网平台项目成立省、市两级路网平台项目建设管理机构。其中，省公路管理局成立全省路网平台项目办，做好全省路网平台项目规划设计、省级路网管理中心建设及软硬件支撑系统建设，出台全省路网平台建设标准意见，做好各设区市路网平台项目的指导、服务和监督考核工作。各设区市公路局参照省公路局模式成立市级管理机构，负责本设区市市级路网管理中心及路网监测点建设。

全省路网平台项目采用统一的硬件技术标准、统一的软件业务平台、统一的组网接入方式。省级路网平台项目办先后组织项目推进会（附图2），对组网方式、外场主要设备技术参数、主要网络设备和安全设备技术参数、视频会议系统参数等进行了统一，明确了技术标准，形成了《江西省公路信息资源规范》等一系列指导性文件及标准规范。

全省路网平台项目建设注重质量监管。项目建设过程中，省路网平台项目办采用现场检查指导、上报工程周报和月报及编制工作简报等方式，及时了解全省项目建设进度、质量、安全情况，开展专项检查及月度考核，对工程进度、质量、安全方面存在的问题进行调度。并采用示范引领方式，选取对项目建设具有典型示范的案例在全省推广。

附图2　江西省路网平台项目推进会

路网监测体系建设

全省路网平台项目根据江西省普通公路路网实际，采用"统一规划、分期实施、先搭框架、突出重点"的思路，对全省路网监测点进行布局，探索建设"种类齐全、功能各异"的路网运行监测、外场感知体系。

选定G105、G206、G320、G323等国道线路为基本骨架，在易拥堵路段、突发事件多发路段、大型桥梁、长大隧道、治超站等重要公路节点布设固定路网监测点，主要有交通情况调查监测、视频监控以及情报板发布等功能；开展全省普通公路超限超载动态监测试点，在部分治超站或大型桥梁附近布设超限超载动态监测系统，主要有动态称重、车牌抓拍等功能；在公路综合养护中心、桥隧等公路构造物隐蔽位置布设视频监控设备，实时监测突发事件情况。江西省路网平台建设施工见附图3。

标准化改装路政车或应急巡查车辆，配置语音对讲设备、视频监控设备、情报板发布设备等,作为移动路网监测点,主要用于公路日常巡查、应急事件现场处置。配备无人机设备,配置视频监控设备;配备移动单兵,配置语音对讲设备、视频监控设备,用于应急事件现场处置。

探索通过手机信令监测路网运行状态,鼓励市级路网管理中心与本市公安天网视频对接,共同为全省路网运行监测提供参考。

附图3　江西省路网平台建设施工图

路网管理中心建设

全省各级路网管理中心的建设,主要包括应急指挥大厅、会商室、机房以及电源室的建设。

其中,省级路网管理中心建设由省公路管理局负责。省公路路网管理中心指挥大厅(附图4)位于江西省公路管理局综合科技大楼的第5、6层,建设有大屏显示系统、高清应急视频会议系统、多媒体系统、无纸化会议系统以及中央集中控制系统等信息化设备,能满足7×24小时应急值守,并为路网监测预警、信息报告、综合研判、辅助决策、指挥调度、应急联动和异地会商等应急管理提供支持。会商室用于小规模的会议或专家会商，满足至少14人同时会商的需求，配有投影机和扩声设备，可进行多媒体演示，可在突发应急事件时，召开应急磋商会议，也可通过高清视频会议系统上传下达应急方案及指令。机房主要由主机房、UPS设备间组成。根据江西省交通运输厅的应急管理业务需求，按照《电子信息系统机房设计规范》（GB 50174—2008）中的B级要求进行配套工程建设，承担了省公路管理局的办公网络、全省路网平台、全省交调数据中心、省公路局业务软件等运行工作。

附图4　江西省公路路网管理中心

按照属地建设管理原则，11个设区市公路管理局负责本设区市路网管理中心建设。按照统一设计要求，因地制宜建设应急指挥大厅、会商室、机房、电源室等。

软件支撑系统建设

全省路网平台软件支撑系统建设主要包括"1个平台，5套系统"，即搭建全省公路综合管理平台（附图5）、建设路网运行监测与应急管理系统、交通情况调查业务管理系统、路网运行监测视频管理系统、公路信息安全运营管理系统、公众出行服务系统等；建设公路数据资源中心，围绕全省公路基础数据库，整合现有业务数据资源，实现业务资源统一管理。

附图5　江西省公路综合服务平台图

江西省公路管理局在充分分析当前全省公路行业信息化建设中存在的信息化程度较低、信息孤岛严重的现象之后，提出了"一站式服务、一体化管理"理念，建设全省公路综合管理平台。加强公路信息化顶层规划设计，采用开放式架构和先进的软件体系结构，制定业务系统建设标准规范及数据共享要求，整合现有业务系统资源，努力实现全省公路行业信息化流程规范、应用协同、数据关联。

建设路网运行监测相关业务系统，实时获取全省普通公路路网通行状况，反映省内经济运行的节点、重要通道或区域的交通量变化情况。建设应急管理相关业务系统，实现应急资源的管理，与应急音视频统一通信系统联动，实现应急指挥与应急处置音视频调度。建设信息安全运营管理系统，对外场监测设施、机房各类设备运行情况实时监测。建设公众出行服务系统，通过公众出行服务网站、手机APP应用、微信订阅号、微博、情报板信息发布等方式，拓展公众服务范围与渠道，满足公众多样化、个性化的公路出行信息需求。

加快全省公路数据资源管理中心建设，建立数据资源使用及共享机制，统一数据资源管理、统一技术服务标准，为全省信息化建设提供标准化数据交换服务，努力实现公路行业数据资源集约化管理、统一使用和动态调配，形成可管、可控江西公路信息化建设模式。

运维保障与数据应用

全省路网平台项目建成并正式运行以来，江西省公路管理局加强平台运维管理制度建设，出台全省路网运行监测及应急值守等一系列管理制度或办法，明确了各级路网运行监测与应急值守工作职责，开展24小时不间断应急值守，指导市级路网管理中心日常工作。

强化路网运行监测数据在行业管理中的运用。自运行以来，江西省公路路网管理中心出台了路网运行监测年度分析报告（数据来源2015年3月至2015年12月）1篇，月度分析报告12篇，重点分析公路网基础设施运行状况和公路网交通运行状况，主要包括公路网基础设施、公路网交通流量、公路网拥挤程度以及公路网阻断事件情况，特别是对重要节假日、举办重大活动时公路交通情况进行分析对比。下一步，将加强公路网运行状况综合评价分析。

发挥路网运行监测数据对公众出行的服务作用。通过建设的外场信息发布设备、公众出行服务网站等其他信息发布方式，实时发布全省普通公路网交通运行情况，对可能发生的突发事件综合研判并发布预警信息。特别是针对节假日、进出省城及各设区市中心城区、高峰时段的出行,探索开展重点路段路网运行状况预警、预测工作,研究制定有针对性的公众服务工作预案,为公众服务工作前置、服务前移提供信息保障。

江西省普通干线路网运行监测与应急处置平台项目(附图6)的建成,有效降低了江西省区域路网管理风险,强化了省市间、市际间信息共享与业务协同,提升了应急反应能力和应急处置效率,提高了公路公众出行服务能力,为全面实现江西省普通公路的可视、可测、可控奠定了坚实的基础,为加快提升江西交通运输品质、到2020年基本建成"安全、高效、畅通、绿色"的交通运输体系提供了可靠的信息化保障。

附图6　江西省普通干线路网运行监测平台

参 考 文 献

[1] 交通运输部公路科学研究院. 公路网运行监测与服务暂行技术要求[M]. 北京: 人民交通出版社，2003.

[2] 全国人民代表大会常务委员会. 中华人民共和国公路法[M]. 北京: 法律出版社，2004.

[3] 国务院. 公路安全保护条例[M]. 北京: 人民交通出版社，2011.

[4] 中华人民共和国行业标准. JTG B01–2014 公路工程技术标准[S]. 北京: 人民交通出版社，2014.

[5] 中华人民共和国行业标准. JTG/T H21–2011 公路桥梁技术状况评定标准[S]. 北京: 人民交通出版社，2011.

[6] 招商局重庆交通科研设计院. JTG D70/2–2014 公路隧道设计规范[S]. 北京: 人民交通出版社，2014.

[7] 重庆市交通委员会. JTG H12–2015 公路隧道养护技术规范[S]. 北京: 人民交通出版社，2015.

[8] 交通运输部公路局，交通运输部路网监测与应急处置中心. 2013年度中国公路网运行蓝皮书[M]. 北京: 人民交通出版社，2014.

[9] 交通运输部公路局，交通运输部路网监测与应急处置中心. 2014年度中国公路网运行蓝皮书[M]. 北京: 人民交通出版社，2015.

[10] 黄梯云. 管理信息系统（第三版）[M]. 北京: 高等教育出版社，2005.

[11] 交通运输部规划研究院.固定式交调设备型式检验外场检测操作实施细则（试行）[R]. 北京：交通运输部规划研究院，2010.

[12] 陈海英，范声凯. 不停车超限检测系统解决方案[J]. 中国交通信息化，2013(08): 71-72.